ワクチン配布のロジスティクスと
マーケットデザイン

野田　俊也

JN122979

三菱経済研究所

はじめに

　経済学の学術論文では，特定の社会問題を重点的に扱う場合には，まずその問題の背景や，解決する社会的意義を細かく説明するのが定番の流れだが，2019 年 11 月に最初の症例が確認され，2020 年 1 月末には WHO が「国際的に懸念される公衆衛生上の緊急事態」を宣言する事態となった COVID-19（新型コロナウイルス感染症）のパンデミック（世界的流行）という社会問題の重大さは，仮に本書がはるか未来に読み返されたとしても詳しく説明する必要はなさそうだ．

　問題の深刻さと，世界が迅速な解決を欲していることに呼応して，数多くの経済学者が COVID-19 に関連する研究に取り組んだ．経済学の通常の査読プロセスは，「外部に公開できるレベルの原稿（ファーストドラフト）が最初に公開されてから，学術誌掲載までに 3 年かかる」と言われるほど時間がかかるが，COVID-19 の流行下では，速報性を重視した分析結果の発表が盛んとなり，「通常の学術誌に後に再投稿する権利を著者に留保させた状態で，ひとまずエディターが 5 日以内に読んで一旦採否を決める」という異例な方針を取る Covid Economics のような専門の学術誌が立ち上がるほどの状況だった．この Covid Economics だけでも，2022 年 6 月までに 500 本以上の論文が発表されたといえば，COVID-19 が非常に多種多様な社会的課題を発生させたこと，そして経済学者が心血を注いで解決を試みてきたことが推察できると思う．筆者が把握している範囲だと，例えばマスクの着用推進などの政策の流行抑制効果，感染者数の推移の予測，流行抑制政策による経済損失，東京オリンピック開催が流行に与える影響の評価，流行初期に世界中で観察された衛生用品の買いだめ行動とその解決策（これは筆者自身の研究も含まれる）などについて，経済学者による研究は有用な知見をもたらしてきた．

　本書では，経済学が扱う領域の中でも，筆者の専門であるマーケットデザインに関係する課題であり，かつ流行による社会的被害の軽減に効果を期待されているワクチン配布のロジスティクスについて議論する．マーケットデザインとは制度設計の科学であり，最適な資源配分を達成するためにどのよ

うな制度・市場を設計し，どう利害関係者のインセンティブを調整するべきかを追究する学問である．マーケットデザインは，2012年・2020年とノーベル経済学賞の授賞テーマとなったことからもわかるように，今日では理論経済学で最も注目される分野の1つとなっており，筆者はこの学問に経済学者として取り組んでいる．他方で，マーケットデザインは計算機科学者やオペレーションズ・リサーチの研究者も取り組む学際的な領域ともなっており，様々な分野の研究者が，望ましい資源配分を達成すべく，最適な制度設計に邁進している．開発されたワクチンを速やかに，混乱を避けて接種希望者に届ける作業は，医療の問題でありながら，資源配分の問題でもあり，マーケットデザイナーが専門家として知見を提供できる側面も多い．本書の目的は，COVID-19のワクチン配布に関連するマーケットデザインの学術論文や，マーケットデザイナーとして自治体や企業に配布のロジスティクスについて助言を行ってきた筆者の経験をまとめ，将来，別の感染症のパンデミックなどの問題が発生した際により円滑にワクチン配布が行えるように準備を整えることだ．

　通常，新型のウイルスに対するパンデミック・ワクチン開発は，1年や2年のような短期間で実用化までこぎつけるものではないが，COVID-19に対するワクチンは異例のスピードで開発が進み，2020年末にはファイザー社やモデルナ社が開発したワクチンの接種が開始された．筆者が理解する限り，公衆衛生の専門家らの多くは，（少なくとも）ファイザー社やモデルナ社などが開発したいくつかのワクチンはCOVID-19の発症や重症化を防ぐ効果を持つと認め，ワクチンの接種を強く勧奨していた．また，従来株が流行の中心であった2021年前半までは，ワクチンを接種した人がCOVID-19に感染しにくくなる感染予防効果も高く，ゆえに接種者が十分に増えれば流行を鎮静化させることすら可能なのではないかと期待されていた．その後，従来株と比較してワクチンの効き目がやや悪いデルタ株やオミクロン株などのいくつかの変異株の流行の影響もあり，ワクチンがCOVID-19の社会的被害の軽減や流行の鎮静化に寄与する効果の評価は何度も改訂されたが，ワクチン接種率を速やかに高めることがCOVID-19の社会的被害を抑える効果的な方法だという結論は変わらなかった．

日本における COVID-19 のワクチン配布は，他国よりも上手くいった部分もあれば，将来同じことを行うのであれば改善すべき点もある，というのが妥当な評価だろう．また，諸外国のワクチン配布も必ずしも円滑ではなかったため，相対的に日本よりも上手くいったポイントがあったとしても，そのまま採用できるわけではない．逆に，諸外国の失敗事例も含め，適切に反省と改善を行って，次の問題解決に活かすのが，COVID-19 のワクチン配布という問題を乗り切った日本社会が次に行うべきことである．

一般に，発生したトラブルに対する反省には極めて大きな社会的価値がある．筆者はワクチン配布のロジスティクスを検討するにあたり，COVID-19 以前に起きた感染症のパンデミックである，2009 年の新型インフルエンザ（H1N1）のパンデミックの際に，どのような方針が取られ，どのようなトラブルが発生し，どういう対処法が改善策として提案されたのかを調べようとしたが，このあたりを細かく反省してまとめた資料が不足している印象を受けた．この新型インフルエンザウイルスは，当初警戒されていたよりもウイルスの危険性が低かったために大事には至らなかったが，当時発生した混乱を十分に検討・反省し，それを COVID-19 のワクチン配布に活かせていれば，あらかじめ対策を準備した上で COVID-19 のパンデミックへの対応に臨めたはずである．この反省を活かし，筆者が考察した内容や参考にした学術論文を整理しておくことで，後に COVID-19 から教訓を得ようとする政策担当者に役立てていただくことを目標に，本書を執筆する．

第 1 章では，COVID-19 の感染症としての性質や，配布方法を考察する対象となる「財」であるワクチンの性質，そしてパンデミックがどのような経過をたどったかを概観する．第 2 章では，このパンデミックの中，筆者らがリアルタイムでどのような取り組みを行ってきたかを紹介する．第 3 章では，なるべく多くの人に都合がつく予約枠を配分するという形で，接種率を最大化する予約受付の方法について，マッチングサイズを最大化する制度設計という観点から議論する．第 4 章では，金銭および労力を使い，接種希望者の予約枠に対する選好をスクリーニングする方法について議論する．第 5 章では，ここまでの議論を踏まえ，先着制・一括制・割当制・招待制などの実務的に用いられた予約システムの長所・短所を比較検討し，もし次に COV-

ID-19 パンデミックと似た大規模災害が起きた際に，どのような形で物資の配分を行えばよいかを整理する．第6章では，上記に分類されない補助金の活用法や，コールセンター等の処理能力の温存の仕方を議論する．

謝辞

　本書の執筆にあたり，三菱経済研究所の皆様に，研究活動へのご支援をいただきました．特に，杉浦純一常務理事には，草稿への細かなフィードバックをいただきました．この場を借りて厚くお礼申し上げます．

　本書にかかる分析はすべて筆者が単独で行ったものですが，東京大学マーケットデザインセンター（UTMD）や東京大学エコノミックコンサルティング株式会社（UTEcon）のチームメンバーや，筆者と議論してくださった様々な分野の研究者の皆様，ならびにパンデミックの最中に継続的に筆者と意見交換を行ってくださった政府・自治体・企業・大学組織等のワクチン配布担当者の方々との議論が，検討の出発点となっています．筆者と議論してくださったすべての方々に感謝いたします．

　本書の執筆に際し，出典となる報道記事の多くは，リサーチアシスタントである小嶋慧大さんに収集・整理していただきました．また，妻である野田映美には，執筆の最中から専門外の読者の視点から，説明の流れ等について細かな指摘をもらいました．ここに記して謝意を表します．

2023 年 1 月

野田　俊也

目次

第1章　問題の背景

第2章　筆者らの取り組み

第3章　接種率とマッチングサイズ

第4章　スクリーニング

第5章　予約システムの検討

第1章

問題の背景

　次回のワクチン配布に活かせる反省点を整理するにあたり，当然，COVID-19 のパンデミックの歴史をまとめる必要があるが，筆者は医学の専門家ではなく，COVID-19 の感染症としての性質や，原因となる SARS-CoV-2 の特徴，そしてこれに対するワクチンの効果などについては一次的に判断することができない．本書の紙幅も限られており，また COVID-19 の医学的な性質については，それを詳しく検討する論文や書籍は多数発表されているので，本書は特にロジスティクスと関わりが深い点を中心に概観するに留める．

1.1　感染症としての性質

感染経路

　COVID-19 は，SARS-CoV-2 と呼ばれる新型のコロナウイルスに感染することによって発症する感染症である．感染経路はエアロゾル感染・飛沫感染・接触感染とされており [1]，感染者の鼻や口から放出されるウイルスに曝露されることで感染するため，換気の悪い空間で，多くの人と近い距離に長時間いたりすれば，感染のリスクが高まる．この事実は，市民が自分自身でできる感染予防策として「密接・密集・密閉の『三密』を避けよ」という形で広く周知・啓発された．どれぐらい密を避けることが可能か，避けることにどれぐらいコストがかかるかは人によって大きく異なる．感染するリスクと感染させるリスクの両方が異なるというポイントは，配布の方針を決める上でも注目されるポイントの一つである．

年齢と重症化リスク

　さらに，COVID-19の重症化を招きやすい要因として，年齢が挙げられる．ワクチン流通後のデータも含まれるため，解釈には注意が必要だが，表1は，CDC（Centers for Disease Control and Prevention，アメリカ疾病予防管理センター）が，2020年2月から2021年9月の米国で報告されたCOVID-19の感染・発症・入院・死亡のデータをもとに，年齢ごとにCOVID-19の進行結果を推定した表である．生産年齢の人はアクティブに他者と接触する傾向があるためか，18歳から49歳，そして50歳から64歳の人はややCOVID-19へ感染するリスクが高いようだが，感染や発症のリスクは年齢によって劇的な変化は観察されない．他方で，入院するほどの症状の悪化や死亡に関しては，年齢により大きな差が認められる．10万人あたりの入院者数は，18歳から49歳で1,457人なのに対し，65歳以上では5,807人と約4倍となっている．死者数の差の開きはより顕著であり，18歳から49歳の43.7人に対し，65歳以上で1,296.5人と，約30倍の差となっている．

　表2は，同じくCDCが公表しているCOVID-19にかかわるリスクの一覧だが，18歳から29歳の階級と比較して，それぞれの年齢階級がどれぐらいのリスクにさらされているかを細かく整理している．表1に基づいた議論と同様に，感染リスクは全年齢階級であまり差はなく，入院リスクは年齢が高まるにつれて上昇し，死亡のリスクはさらに急速に上昇することを観察することができる．

表1　米国の2020年2月-2021年9月のデータに基づくCOVID-19の進行結果の推定値

年齢	10万人あたりの陽性者数		10万人あたりの発症者数		10万人あたりの入院者数		10万人あたりの死者数	
	推定値	95% UI	推定値	95% UI	推定値	95% UI	推定値	95% UI
0-17	35,490	29,335-43,414	30,253	26,240-35,295	366	309-434	0.9	0.7-1.6
18-49	54,860	45,740-66,055	46,724	41,214-53,525	1,457	1,255-1,704	43.7	41.0-46.6
50-64	43,656	36,428-52,439	37,239	32,859-42,526	3,200	2,822-3,671	253.5	246.2-261.3
65-	32,363	26,101-40,895	26,278	23,200-30,085	5,807	5,146-6,617	1296.5	1274.5-1319.1
全年齢	44,650	38,374-52,262	37,764	33,821-42,630	2,286	2,046-2,579	280.7	275.0-286.7

注：CDCによる推定結果（[60]のTable 2）を筆者が和訳．「UI」はuncertainty intervalの略記．95%
　　UIは，もしこのような研究が100回繰り返されたなら，100回中95回は真の点推定値が95%
　　UIに含まれ，5回は含まれないという区間を指す．

表 2　年齢階級ごとの 18-29 歳と比較した感染・入院・死亡リスク

年齢	0-4	5-17	18-29	30-39	40-49	50-64	65-74	75-84	85-
感染	1x	1x	基準	1x	1x	1x	1x	1x	1x
入院	1x	<1x	基準	2x	2x	3x	5x	8x	15x
死亡	<1x	<1x	基準	4x	10x	25x	60x	140x	340x

注：CDC による推定結果 [61] を，筆者が和訳.

基礎疾患と重症化リスク

　年齢のほかに，いくつかの基礎疾患も重症化リスクを高めることが知られている．日本がワクチン配布の方針を議論していた 2020 年 11 月に行われた予防接種基本方針部会の資料 [2]（p. 17）では，慢性呼吸器疾患・慢性心疾患・慢性腎疾患・慢性肝疾患・神経疾患・神経筋疾患・血液疾患・糖尿病・疾患や治療に伴う免疫抑制状態・小児科領域の慢性疾患が優先接種の対象となる基礎疾患として整理されている．執筆当時最新の CDC の資料などを参照しても，この結論に大きな変更はないが，妊婦や喫煙者のリスクの高さがより確からしくなったようだ．特に妊婦については後にワクチンの安全性のデータも集まってきたこともあり，優先接種の対象とした国や自治体も出てきた．

　ただし，年齢と基礎疾患という 2 つの因子を比較したとき，COVID-19 の場合は年齢による影響が非常に大きいことに注意が必要だ．図 1 は，重症化のリスク因子を英国のデータを用いて研究した論文 [3] 中で示されたものであるが，基準群である 50 歳台と比較して，60 歳以上の高齢であることが，例えば重度の肥満（Obesity class III, BMI 40 以上の人を指す）を上回るリスク因子であることが可視化されている．この論文と図は，資料 [2] でも引用されており，その他のさまざまな研究も参照した上で，部会は「医学的な知見として，新型コロナウイルス感染症の重症化・死亡のリスク因子として年齢と基礎疾患が報告されているが，特に年齢が大きく影響している．（高齢者は一般成人・若年者と比較して重症化・死亡リスクが十数倍〜数十倍に上昇する一方で，基礎疾患による重症化・死亡リスクの上昇は概ね数倍程度）」と整理している．部会はこの事実をもとに，まず医療従事者を最優先することは当然として，次に高齢者を優先し，次に基礎疾患を有する者，最後にそ

3

図1 多変量コックスモデルにより推定された，患者の属性ごとのハザード比の推定値

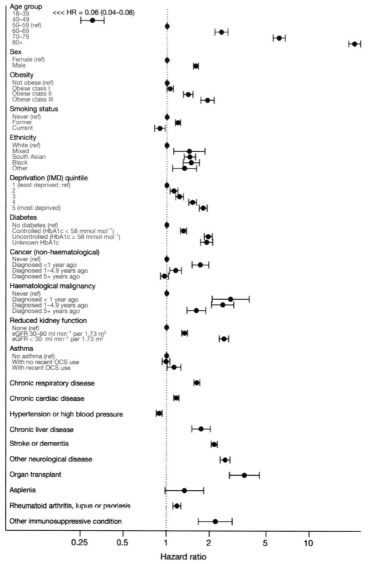

注：[3] の Figure 3 より引用．ハザード比は対数目盛で表されている．エラーバーは
ハザード比の95％信頼区間を表す．

4

の他の一般の接種希望者，という順で接種を進めることが妥当なのではないかとまとめている．この方針は，日本でも最終的に採用されたし，世界各国でも概ね似たような方針が取られたようだ．

なお，配布のロジスティクスを考える上では，政府は基礎疾患を有する者が誰かという情報を把握していないことにも注意が必要だ．生年月日は本人確認書類で簡単に証明させられるため，正しい年齢を申告させることは容易だが，基礎疾患を有する者へ優先接種すれば，早く接種したい人が自らの体調を偽る恐れがある．高齢者を優先する方針は，ロジスティクスの面から見ても負担が小さいのである．

1.2　ワクチンという資源の性質

次に，配布計画を考えるにあたって重要となるワクチンという資源の性質を整理しよう．ワクチンとは，感染症に対する免疫を獲得するための医薬品であり，感染症予防において最も重要な手段として位置づけられる．

日本政府が購入した3つのワクチン

2021年前半のワクチンの流通の開始期に，日本政府が購入したワクチンは，ファイザー社・モデルナ社・アストラゼネカ社が製造した3種だった．表3は，これらのワクチンの性質を整理したものである．ファイザー社・モデルナ社のワクチンはmRNAワクチンというCOVID-19に対するワクチンではじめて承認された新しい技術が用いられており，この2つはさまざまな指標で似通った性質を示す．アストラゼネカ社は，ウイルスベクターワクチンであり，こちらはCOVID-19以前にもエボラウイルスに対するワクチンとして承認の事例がある．

日本政府はこの3社と大規模な供給契約を結んだが，結果としてアストラゼネカ社のワクチンの利用は小規模に終わった．これは，臨床試験においてアストラゼネカ社のワクチンの性能が他の2社に比べてやや劣っているため，「選べるならファイザー社やモデルナ社のワクチンが良い」と思う国民が多く，アストラゼネカ社のワクチンを混ぜて配布すると混乱が生じると予想されたこと，主に若年層に対し，わずかながら血栓症のリスクがあるとさ

表3　日本国内で流通したCOVID-19ワクチンの当初知られていた性質

	ファイザー社	モデルナ社	アストラゼネカ社
分類	mRNAワクチン	mRNAワクチン	ウイルスベクターワクチン
接種回数	2回	2回	2回
保管温度	−75℃±15℃	−20℃±5℃	2〜8℃
バイアルの単位	5回分/バイアル	10回分/バイアル	10回分/バイアル
最小流通単位（一度に接種会場に配送される最小の数量）	195バイアル（975回接種分）	10バイアル（100回接種分）か2バイアル（20回接種分）	10バイアル（100回接種分）
バイアル開封後の保存条件	（室温で融解後，接種前に生理食塩液で希釈）希釈後，室温で6時間	（一度針を刺したもの以降）室温で6時間2〜8℃で48時間希釈不要	（一度針を刺したもの以降）2〜25℃で6時間（解凍後の再凍結は不可）希釈不要
供給数量（2021年中）	2021年内に1億4,400万回（2021年1月，ただし2020年7月に基本合意がなされる）2021年第3四半期に追加で5,000万回（2021年5月）	2021年第3四半期に5,000万回（2020年9月）	2021年初頭から1億2,000万回（2020年12月）
備考	当初は主に自治体による接種で使用	当初は主に国が主導する大規模接種や，職域接種で使用	結果として，日本では約20万回のみ使用され，残りは廃棄・海外供与・キャンセルに

注：厚生労働省作成の資料 [63] [64] [66] をもとに筆者が作成．ワクチン流通初期の情報をもとにした表であり，その後，保管温度などについて情報の更新も行われたが，それらは表中の情報には反映していない．

れたこと，そして国民全員分を賄えるだけのファイザー社・モデルナ社のワクチンが確保できたことが理由のようである．

ワクチンの3つの効果

　もう少し細かくワクチンの効果を整理しよう．ワクチン接種の目的は，感染予防・発症予防・重症化予防の3つに分類することができる．言うまでもなく，ワクチンが感染すら防いでしまうのであれば理想的だが，感染を完全に防げないことがワクチンの有用性を否定することにはならない．感染した人すべてがCOVID-19を発症するわけではないからである．感染しても，発

症しない限り，感染した当人はつらくない．さらに，発症したとしても，重症化することさえ防ぐことができれば，患者が入院したり，生命の危機に陥ったりすることはない．ゆえに，ワクチンを多大なコストをかけて製造し，配布し，副反応のリスクを受け容れてまで打つべきかを判断するにあたっては，この感染予防・発症予防・重症化予防のいずれかに高い効果が認められることが必要だ．

　臨床試験で測りやすいのは，発症予防と重症化予防の効果である．感染とは異なり，発症や重症化は症状が出る・重くなるという形で，医療者や被験者が簡単に観察することができる．したがって，ランダム化比較試験を行い，接種者と非接種者の両群の発症者数や重症者数を比較することで，「ワクチンがどれぐらい発症リスク・重症化リスクを軽減したか」は比較的容易に評価することができる．実際，日本国内で承認されたすべてのCOVID-19のワクチンは，発症と重症化を予防する効果が臨床試験で確認されて承認された．感染予防効果は接種が開始された後に観察研究で検証されるという形で検証されていった．

　これらの効果の区別が経済学的な分析上で重要なのは，受益者が異なるからだ．発症予防効果・重症化予防効果の最大の受益者は，もちろん接種を受ける当人である．誰だって苦しい病気にかかることも，それで入院し，死亡のリスクに晒されるのも嫌だ．発症と重症化を予防するワクチンを接種することで，これを避けることができるというのは，接種を希望する第一の動機となる．

　他方で，感染予防効果の受益者は，接種者の周囲にいる人々となる．感染したが発症はしていない無症状感染は，感染者当人に害を及ぼさない．しかしながら，無症状であっても感染者はウイルスをまき散らすことにより，他人を感染・発症させてしまう可能性がある．感染予防効果のあるワクチンでこれを防ぐことができれば，ウイルスの拡散を阻止することができる．免疫ができ，感染しなくなった人が十分に増えたことで，ワクチンを接種していない人を含む社会全体がウイルスから保護される効果を，集団免疫と呼ぶ．予防接種の感染予防効果の高さ次第では，病気を根絶することすら可能であり，実際，天然痘はこの効果によって根絶された．ただし，COVID-19の場合，

現在までに開発されているワクチンは，いくつかの新しい変異株に対し，集団免疫による根絶を期待できるほどの感染予防効果を持たないため，ここまでの効果は期待できないようだ．

　もちろん，発症・重症化の予防の受益者は当人で，感染予防の受益者は周囲の人々という区分けは雑なものである．感染予防効果を，ウイルスを拡散させない効果と関連付けるにあたっては，無症状感染者がどの程度他人に病気を移すかを考慮に入れなければならないし，無症状であっても感染がわかれば，検疫を突破できず海外渡航ができなくなるなど，さまざまな行動の制限を受ける場合もある．同居人を感染させにくくなることも，接種を受ける本人が享受する便益と言えるだろう．また，発症や重症化を予防することができれば，その分だけ医療資源は節約されることとなり，医療崩壊を未然に回避することができる．医療資源は地域住民で共有している財産であり，節約による便益は地域住民全体に及ぶ．

　COVID-19 に対しては，さまざまな製薬会社が，さまざまなアプローチを用いてワクチン開発に取り組んだ．このため，実用されたワクチンに限っても，感染予防・発症予防・重症化予防のそれぞれにどの程度の効果が認められたかは，まちまちだった．本書では，これらのワクチンにどの程度の効果があったかを細かく検証することはしない．医学者ではない筆者にそれを一次的に判定する能力はなく，またこれらの効果は変異株の発生や，時間経過によって変化していくものだからだ．今後流行する感染症に対するワクチンの性質がCOVID-19 のものと同じとは限らないという点を鑑みても，我々に必要なのは感染症やワクチンの性質に強く依存した汎用性の低い政策ではない．

　ここでは，厚生労働省が作成した資料をもとに，日本で主に用いられていたワクチンの一つであるファイザー社のワクチンの効果が，政策担当者にどのように認識されていたかを紹介するに留める．2021 年 5 月 6 日に開催された，新型コロナウイルス感染症対策アドバイザリーボードで提示された資料 [4] によれば，ファイザー社のワクチンは海外の臨床試験で発症予防効果が認められたが，重症化予防効果は症例数が少なかったため，有意な差はみられなかった．しかし，実用化後に観察データを用いてなされた研究が，感染・

発症・重症化のいずれも予防する高い効果があることを示唆していることを指摘している．その後，デルタ株やオミクロン株などのワクチンが効きにくい変異株の流行により，感染予防効果に対する期待はやや悲観的なものとなり，発症と重症化を予防する効果がワクチン接種の第一の意義というスタンスが固まっていくが，ワクチンの配布計画が練られた 2021 年前半時点では，ファイザー社やモデルナ社のワクチンは，感染・発症・重症化のすべてに対し，高い効果を持つのではないかという期待があったと言ってよいだろう．

副反応のリスク

　これらのワクチンには副反応のリスクがある．厚生労働省は，2022 年 9 月 2 日までの副反応疑いの事例を精査した結果，「いずれのワクチンもこれまでの報告によって，死亡，アナフィラキシー，血小板減少症を伴う血栓症，心筋炎・心膜炎，4 回目接種，5〜11 歳の小児接種，ワクチン接種後健康状況調査に係る検討を含め，引き続きワクチンの接種体制に影響を与える重大な懸念は認められないと評価されました」としている [5]．しかし，これは被接種者が接種からまったく不効用を得ないという意味ではない．製薬会社が公開しているワクチンの添付文書に記載の臨床試験結果によれば，例えばファイザー社は注射部位の疼痛を 1 回目接種で 77.8％，2 回目接種で 72.6％，38.0℃以上の発熱を 1 回目接種で 2.7％，2 回目接種で 13.6％の割合で引き起こした [6]．同様に，モデルナ社によれば，注射部位の疼痛は 1 回目接種で 83.7％，2 回目接種で 88.2％，発熱は 1 回目接種で 0.8％，2 回目接種で 15.5％だという [7]．これらの数値は接種との因果関係があるかわからない事例を含む，「有害事象」の割合である．ただし，日本では，もう少し多くの有害事象が報告された．日本で行われたコホート調査では，ファイザー社ワクチン接種後の 38.0℃以上の発熱は 1 回目接種後で 0.9％，2 回目接種後で 21.3％，モデルナ社ワクチン接種後では 1 回目接種後で 2.3％，2 回目接種後で 60.1％だった [8]．これらの副反応は概ね 1〜2 日程度で治まるものであり，もちろん COVID-19 に感染し，発症した場合の被害よりははるかに小さい．しかし，東京都多摩市の職員では，接種後に体調不良で有給休暇を取得した者は 1 回目接種で 1.0％，2 回目接種で 40.6％に及んだことが報道されるなど [9]，

被接種者の経済活動やスケジューリングにそれなりに大きな影響を与えうる.

1.3 タイムライン

発見と感染の広がり

　COVID-19のパンデミックは，2019年11月に中国の武漢市ではじめて確認され，またたく間に全世界へと広がった.2020年1月30日に,世界保健機関（WHO）が「国際的に懸念される公衆衛生上の緊急事態」を宣言,2月28日にはCOVID-19が世界規模で大流行する危険度を,最高レベルの「非常に高い」へ引き上げ,3月11日には事務局長がCOVID-19の感染拡大は「パンデミック（世界的な大流行）」に相当すると表明した.

　図2は,日本におけるCOVID-19の日ごとの新規陽性者数（左軸）と新規死亡者数（右軸）の推移である.感染が日本で広がるまでには若干のタイムラグがあったが,それでも2020年2月27日には日本全国の小中学校の臨時休校が要請され,4月7日には7都府県で初の「緊急事態宣言」が発令,これは4月16日には全都道府県に広がった.この2020年1月から6月頃の感染

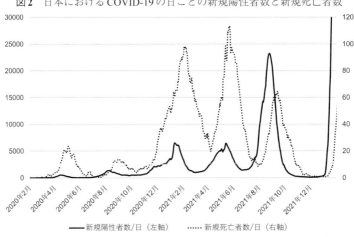

図2　日本におけるCOVID-19の日ごとの新規陽性者数と新規死亡者数

注：Our World in Data（https://ourworldindata.org/）のデータをもとに筆者が作成.陽性者・志望者ともに7日間の移動平均.2020年2月1日から,2022年1月31日まで.

の波を第1波と呼ぶ．第1波の頃の日本全体の日ごとの新規陽性者数は，ピークでも数百人程度であり，2022年2月（第6波のピーク）の約9万人や，2022年8月（第7波のピーク）の約22万人と比べると少ないが，当時は病気の特性に対する理解も進んでおらず，院内感染から医療者を守ることができるワクチンも流通していなかったため，ある意味第6波や第7波のタイミング以上に警戒が取られていた．

　その後，厳しい旅行の自粛要請や，事業者への休業要請の効果もあり，第1波は2020年6月には谷を迎え，7月から10月の第2波は第1波ほどの拡大は起きなかった．2020年11月から2021年3月の第3波はより深刻であり，ピークとなった1月頃には日ごとの新規陽性者数が6千人，死者数が100人弱と，当時過去最高の水準となった．もっとも，同時期の米国（人口あたりで日本の約50倍の1日あたり死者数）や英国（約15倍）などと比較すると，相対的に見て日本の状況はまだましであったとも言える．

ワクチンの開発と流通

　COVID-19に対する最初のワクチンの臨床試験が終わり，流通が始まったのもこの頃である．ファイザー社の第3相試験の成績は2020年12月に公開され，12月11日に米食品医薬局が，16歳以上への接種を認める緊急使用許可を出し，接種が開始された．最初の接種対象は約2,100万人の医療従事者と約300万人の介護施設の入所者である[10]．続く12月18日にモデルナ社のワクチンに緊急使用許可が下りた[11]．米国やイスラエルの医療従事者から接種が始まった．2021年2月・3月にはこれらの実臨床のデータを分析し，感染・発症・重症化予防の効果を実証した論文が多数登場しており，2021年4月7日に厚生労働省が公開した資料[4]でも整理されている．

　日本では，2021年1月18日に河野太郎氏が「新型コロナウイルスワクチン接種推進担当大臣」に任命され，ワクチン配布にかかわる政策を取り仕切ることとなった．当時流通していたワクチンについて，日本国内であらためて臨床試験が行われ，2021年2月14日にファイザー社のワクチンが特例承認された[12]．（モデルナ社のワクチンが承認されたのは5月20日であり，ファイザー社のワクチンの流通がある程度進んでからとなる[13]．）海外在

住の日本人を含め，すでに大規模に接種が行われていたこと，国内の臨床試験の被験者はそう多くないことから，あらためて国内で臨床試験を行う必要はないのではないかという意見も散見されたが，筆者はこの点について専門的知識を有しないので，ここでは議論しない．

　日本における医療従事者向けの接種が開始されたのは2月17日である[14]．ただし，2月・3月の時点では供給量は少なく，和歌山県[15]や奈良県[16]など，3月中旬から医療従事者向けの接種を始める県も多かった．これは諸外国と比べ，明確に遅い出足である．4月1日時点で，2回目接種を受けた日本人（すべて医療従事者と考えられる）の人口は0.13％だったのに対し，ワクチン開発国である米国は20.13％，英国は7.37％，その他，開発国ではない先進国であるイタリアで5.68％，ドイツで5.21％，フランスで4.46％，カナダで1.9％と，諸外国でワクチン接種は医療従事者の枠を超え，すでに軌道に乗っている状態だった．（英国やカナダは2回目接種を行うより先に1回目接種を多くの人に行う方針を取っていたことにも注意が必要である．）　ただし，この状況を一概に「政府の失態」と捉えることは適切ではない．この問題は第4.2節で議論する．

日本における供給の開始

　供給が本格化し，すべての市区町村にワクチンが供給されたのは4月16日週から[4]で，この頃から1日あたりの接種回数は順調に伸びた．当初から予定されていた自治体による接種に加え，新たに承認がなされたモデルナ社のワクチンを使い，5月24日には国（自衛隊）が1日あたり7,500人と，通常の集団接種会場よりはるかに多くの人数へ接種できる大規模接種会場の運営も開始した．また，国だけではなく，宮城県・愛知県・群馬県なども，県主導で独自の大規模接種会場が設置された[17]．企業や大学などが主導して社員らに接種を行う職域接種も6月21日から開始した．開始時点までの申請は，3,479会場・計1,373万人におよんだという[18]．

　結果として，5月8日に菅義偉首相が掲げた「1日100万回」接種の目標[19]は，6月から10月の間，達成され続けることになる．この1日100万回の接種はかなり高い目標で，唱えられた際には「達成は難しい」とする評価もあっ

たようである．COVID-19 以前では，インフルエンザワクチンを 1 日 60 万回接種したのが史上最大だった．閣僚や事務当局が「難しい」と述べた新聞記事 [20] や，5 月 24 日時点で「実現が見通せない」とする記事 [21] も確認できる．1 日 100 万回接種を達成できた経済学のモデルを用いて，感染症の拡大と社会・経済活動の関係について有用な知見を提供してきた仲田・藤井プロジェクトが 5 月 8 日公開した資料 [22] でも，週 650 万回の接種を「希望見通し」，週 360 万回の接種を「基本見通し」と位置付けている．日本は，ワクチンの接種数についてこの期間に急速に巻き返し，2021 年 11 月 14 日の時点で 2 回目接種率が 75.5％となり，75.3％のカナダを上回って G7 で最大となった．2021 年 8 月に全国で 2 万人以上の陽性者という過去最大の値が出ても，死亡者数は第 3 波・第 4 波より低く抑えられたこと，そして 10 月頃から 2021 年末までの新規陽性者数の激減には，高い接種率が寄与しているように見える．

トラブル

　ただし，ワクチンの配布は何の障害もなく進んだわけではない．供給されるワクチンの最初の振り分けは国が行うが，医療従事者向けの接種の段取りは都道府県が仕切り，高齢者向けの接種を含むそれ以外の接種の実施主体は市町村である．市町村は，接種のための特設会場を設ける集団接種や，地域の医療機関で接種を行う個別接種などの手段で，配分されたワクチンを希望者へ接種する役割を持ったが，ワクチンの供給スケジュールに不確実性がある中，会場や打ち手となる医療者を確保し，接種券を配布し，希望者の予約を管理しなければならなかった．困惑する自治体職員の様子を記した記事はいくつも発見できる [23]．これらの段取りについては，「お手本」となるケースもなく，自治体は各々，最善と思しき方法を模索したようであり，集団接種を中心とする自治体（東京都世田谷区や八王子市など）も，個別接種を中心とする自治体（東京都江戸川区や練馬区など）も [24]，予約に関して先着制を取る自治体（ほとんどの自治体）もあれば，抽選制（兵庫県加古川市など [25]）や割当制（福島県相馬市など [26]）を採用する自治体もあった．これらの結果を踏まえた，望ましい配布の仕方の分析は，第 5 章で分析する．

その後の経過

　残念ながら，2021年末の平和な状態は，デルタ株やオミクロン株，そしてオミクロン株の新しい系統（BA.4・BA.5など）などのワクチンが効きにくい変異株の流行の影響もあり，長くは続かなかった．2022年初より，感染者は急増し，新規陽性者数は2月にピークを迎えた第6波で約9万人，8月にピークを迎えた第7波で約22万人に達した．（ただし，これだけ感染者が増えると検査も受けないまま自宅療養する者も多く，この統計がどの程度正確に感染者の全数を表しているかは不明である．）　もちろん，政府や製薬会社もこの状況を放置していたわけではなく，2022年1月にブースター接種となる3回目接種が開始 [27] され，5月から高齢者と基礎疾患がある人に向けた4回目接種も開始された [28]．9月13日にはファイザー社・モデルナ社のオミクロン株（BA.1）に対応した2価ワクチンが日本で承認され，10月5日にはファイザー社のBA.4-5に対応した新しいワクチンがさらに承認された [29]．

　このように，本書を執筆している時点でもCOVID-19に対するワクチン配布は終結しているわけではないが，史上最大のパンデミック・ワクチンの配布を未経験の状態から行うという1回目・2回目接種と比較すると，3回目・4回目接種は比較的混乱なく進んでいる．今後新しく来るかもしれない新たなパンデミック・ワクチンの配布や，それに類する問題を考えるにあたっては，初動でどう対応するべきかをあらかじめシミュレーションしておくことが肝要であることから，本書では1回目・2回目接種の計画をどう練るべきかを中心的に考察することとする．

第2章

筆者らの取り組み

2.1 COVID-19 流行以前

　本章では，筆者がパンデミック・ワクチンの配布，特にCOVID-19のワクチン配布という問題に対し，どのような取り組みをしてきたかを概観する．はじめにで述べたように，筆者の専門はマーケットデザインであり，特にワクチン配布と関わりの深いマッチング理論の研究には，スタンフォード大学の博士課程に入学した2014年頃から取り組み始めていた．

　筆者が最初にパンデミック・ワクチンの配布という問題を知ったのは，COVID-19の流行以前の2016年であり，当時，国立医療科学院に所属していた公衆衛生情報学者の奥村貴史氏が，筆者と共同研究を行っていた東京大学の松島斉氏に，マーケットデザインでパンデミック・ワクチンの配布という問題を解決できないかと相談したことがきっかけであった．奥村氏は，自身が政府対策推進本部のメンバーとして対処に当たった2009年の新型インフルエンザのパンデミックの際，接種の予約が順調に進まないという問題に直面した経験から，この問題に対する解決策を模索しており，関係する研究を行っている松島氏と検討を行った．当時の奥村氏・松島氏のディスカッションで議論された内容は，松島氏の著書 [30] にまとめられており，そこで提案された奥村氏のアイディアは，COVID-19のワクチン配布の際，北見工業大学の職域接種で実証実験された．この仕組みについては第5.5節で議論する．

　当初，筆者が注目したポイントはこれとは異なり，「なるべく多くの人に都合がつく予約枠を配分できないか」を考えた．数学的に言えばマッチングのサイズの最大化を目指すメカニズムの開発である．研究は数理的なもので

あり，発想の契機となったワクチンの配布以外にも，難民に対する住居の配分や，保育園における待機児童の最小化など，様々な応用例が考えられることから，ことさらにワクチン配布を考察した論文だというマーケティングは行わなかったが，筆者はこの論文 [31] を博士論文のメインチャプターとしている．第3章では，一連の研究に関係する接種率を大きくするための工夫について議論する．

　この論文が評価され，筆者は 2019 年に博士号を取得した後，カナダのバンクーバーにあるブリティッシュコロンビア大学に就職する．就職から何ヶ月もたたないうちに COVID-19 のパンデミックが始まり，2020 年 3 月，学期の途中からオンライン授業へ切り替えるように指示が下った．以降，時折の一時帰国を挟みつつ，居住していたバンクーバーと，家庭の事情で滞在する機会の多かった米国のニューヨーク市でパンデミック下の生活を経験しつつ，研究活動を行う生活が，ブリティッシュコロンビア大を離れ，東京大学へ移籍する 2021 年 6 月まで続いた．

2.2　UTMD・UTEcon チームの動き

　筆者の COVID-19 ワクチン配布にかかわる活動は主に，東京大学マーケットデザインセンター（UTMD）と東京大学エコノミックコンサルティング株式会社（UTEcon）が連携して作ったチームで行ったものである．UTMD は，東京大学大学院経済学研究科の下部組織として 2020 年 9 月にセンター長である小島武仁氏の着任と同時に設立された組織で，マーケットデザインの研究と社会実装（すなわち，学術知を用いて作られた制度の実用化）に取り組む機関である．UTEcon は同時期に設立された，東京大学を主要株主とする民間企業であり，経済学と関係分野の研究成果を活用したコンサルティングサービスを提供している．

　筆者らは製薬に関しては疎かったため，ワクチンの開発状況は正確に把握できておらず，ファイザー社の治験結果が公表された 2020 年 11 月にはじめて，予想よりずっと早くワクチン配布のロジスティクスが直ちに解決しなければならない問題となることに気がついた．この問題に取り組み始めた UTMD から招聘研究員として（リモートで）招待された筆者は，活動初期か

らワクチン配布とマーケットデザインに関する議論に参加した．実社会でワクチン配布の改善に当たるためには，政府や自治体などと連携ができなくては始まらないが，マーケットデザインがワクチン配布と関わっていること自体，社会から広く知られているわけではない．2021 年 1 月に，我々がどのような観点からワクチン配布問題を分析しているか，どのような目標の達成に貢献できるかを対外的にアピールすべく，公開されている情報をもとに最初のレポート [32] を公開した．

その後，レポートを読んでいただいた記者の方々から，UTMD センター長の小島氏や筆者が幾度か取材をいただいて記事が掲載され，それを見た，まさに接種計画の策定に取り組んでいる自治体の方々から相談もいただいた．また，大規模接種や職域接種の開始時には，これをどう効率的に進めればよいかについても相談を受けた．自治体や企業の懸念や，発生したトラブルの多くは日本全国で似通っており，本書で改善を提案したかったポイントについては，概ね公開情報である報道記事などに根拠を求めることができたため，本書ではこれらの具体的な相談内容については記述しない．

2.3　政策提言

ワクチン配布のロジスティクスの研究は，学術誌に載りやすいタイプの研究にこそつながらなかったものの，政策に活かせるいくつかの含意を発見することにつながり，これを一刻も早く世間に公開すべく，いくつかの政策提言も行った．

第一の政策提言は，予約殺到の問題が盛んであった 2021 年 5 月に公開した，「ワクチン予約システムに関する改善提案」である．これは，UTMD・UTEcon チームのメンバーであった，小島武仁氏（東京大学），室岡健志氏（大阪大学），先着制の予約システムの問題点について研究業績があるマーケットデザイン研究者で，早くから警鐘を鳴らしていた栗野盛光氏（慶應義塾大学），そして政府の新型コロナウイルス感染症分科会のメンバーに参加している大竹文雄氏（大阪大学），小林慶一郎氏（慶應義塾大学）らとの共同での政策提言 [33] として公開した．この提言では，全国のほぼすべての自治体が採用している先着制の予約システムの弱点を示し，一括抽選制など殺到の

問題が起きにくい方式への切り替えを議論した.

　第一の政策提言は，現在進行中の予約殺到という問題に対して行ったものであるが，すでに先着制の予約システムはほぼすべての自治体で採用され，稼働してしまっていた. 提言を見た上で，制度を再検討してもらうためには，問題が発生もしていない段階で，問題の存在と解決策を知らしめることが理想的である. 第二の政策提言である接種の勧奨へのインセンティブづけの提案 [34] は，この目標を達成すべく，自主的なワクチンの接種が最も活発に行われていた 2021 年 6 月に行った. こちらの政策提言は，前述のメンバーに加え，UTMD・UTEcon チームのメンバーであった小田原悠朗氏・渡辺安虎氏（共に東京大学）と共に行った。

第3章

接種率とマッチングサイズ

3.1 希望者の選好を尊重することの重要性

　本章からは，いよいよワクチン配布問題をマッチングのモデルを使って考察する．本章で特に焦点を当てるのは，古典的なマッチング問題のフレームワークに近い，ワクチン配布のスケジューリング，すなわち予約管理の問題である．ワクチンの接種会場に混雑を作り出すのは，接種を受ける人の快適さという意味でも，感染リスクの抑制という意味でも望ましくない．また，事前確認なしに訪れた接種希望者が，本当に接種の対象となっているかなどを接種会場で確認するのは手間がかかる．このため，ワクチン流通初期では事前に希望者に予約枠を割り当て，指定した日時に指定した会場に来てもらい，接種を行う形が基本となる．実際，多くの国・地域で，ワクチンの接種は予約制で実施された．

　ワクチンの予約枠は異質財である．これは，例えばファイザー社のワクチンを打つか，モデルナ社のワクチンを打つか，というように，接種する製品自体が異なるという意味だけではない．予約枠には各々，日時や会場が割り振られており，土日の枠やアクセスのよい会場の枠は人気が高い．接種希望者の日時や会場に対する選好にも異質性がある．個々の希望者にとって都合がよい会場は一様ではないし，どの曜日や日程なら接種を受けやすいかも様々だ．ゆえに，「誰がどの予約枠に割り当てられるか」を表す，接種希望者と予約枠のマッチングにより，接種希望者全体の満足度は大きく左右される．

　「パンデミックが発生している状況で，接種希望者の選好など気にしている場合か？」と思われる方もいるだろう．いよいよ事態が深刻となり，政府

の命令で指定された日時・会場でワクチンを接種することを強制すべき段階となった場合では，接種希望者の満足度は後回しとなるだろう．しかしながら，COVID-19 のワクチン配布の文脈では，多くの国，少なくとも日本や米国などの自由主義的な国家でこのような方針が取られることはなく，ワクチンの接種は「努力義務」ないしは「勧奨」のようなレベルに留まった．これらの国では，人々は接種を受けるべきか否かを自ら判断し，受けるべきだと思ったときにだけ接種を受ける．つまり，接種率を上げるためには，潜在的な接種希望者に都合のよい予約枠を割り当てるように努力する，つまり希望者の選好を尊重することは欠かせないのである．

3.2 二部グラフ上の最大マッチング問題：受容可能性が既知のケース

マッチングの問題としての定式化

　まずワクチンの予約枠の配分を，古典的なマッチング問題として定式化しよう．政府は配分すべき多数の予約枠（より抽象的には「財」）を持っており，多数の接種希望者がそれぞれただ一つの予約枠を獲得したいと思っている状況を考える．実際には，ワクチンの接種は複数回に渡ることも多いが，ここではその問題は捨象する．（個々の予約を別々に考えてよいなら，この仮定は正当化される．現実には，複数間の接種の間隔は一定に保つ必要があり，許容される間隔の幅が狭ければ複数回の接種予約を同時に考える必要が出てきて，問題はより複雑になる．）接種希望者は予約枠に対して異なる選好を持つ．これは，マッチング理論の用語では割当問題（assignment problem）と呼ばれている問題だ．

　選好を尊重することが大事とは言っても，ワクチンの配布を考える上で，「土曜日でも日曜日でもどちらでも都合はつくが，どちらかといえば土曜日に打ちたい」というタイプのソフトな選好の尊重は，政府にとってさほど重要な目標ではない．しかしながら，「この日は仕事が休めないから絶対に無理」「この時間にこの会場にはたどりつけない」というように，希望者が予約枠を受容できないというハードな選好は，軽視すれば予約通りに希望者がやってきてくれない可能性が出てくるため，制約として非常に重要となる．

二部グラフ上の最大マッチング問題

　出発点として，「誰がどの予約枠を受容可能（acceptable）とみなすかを既知として，接種率を最大化する」という問題を考えよう．ワクチンの接種率は「希望者のうち，何割の人が実際にワクチンを接種できたか」を表す．今考えている単純なフレームワークでは，希望者の人数は固定されているので，これはマッチングのサイズ，すなわち「何らかの財（＝予約枠）を割り当てられた人の数」を最大化するという問題と同相である．つまり，接種率を最大化する予約配分は，数学的には予約枠と希望者が頂点（vertex）として，希望者にとって受容可能な予約枠が枝（edge）として表される二部グラフ（bipartite graph）上の最大マッチングに対応する．

　二部グラフ上の最大マッチングは，最大フロー問題（maximum flow problem）と呼ばれる問題に変形することができる．この最大フロー問題は組合せ最適化の分野では有名な典型問題であり，高速に解くことができることが知られている．ここでは，最大フロー問題の解法の基本となるフォード・ファルカーソン（Ford-Fulkerson）法の原理をもとに，最大マッチングを見つける方法の概略を，簡単な例を使って紹介する．（フォード・ファルカーソン法は最大フロー問題の古典的な解法であり，より洗練された解法が近年に至るまで色々と提案されている．）

　図3は最大マッチング問題のグラフの例である．AとBという2人の接種希望者がおり，予約枠も同じくXとYの2つがある．予約枠の数は足りているので，全員に接種することは可能だが，希望者Bは日時・会場などの都合から，予約枠Xは受容できない点に注意が必要だ．最大マッチングは，予約枠Xを希望者Aに割り当て，予約枠Yを希望者Bに割り当てる配分しかない．

図3　最大マッチング問題のグラフの例　　図4　対応する最大フロー問題のグラフ

最大フロー問題とは，始点（source）と終点（sink）という2つの特別な頂点と，各枝に流せるフローの量を表す容量（capacity）が与えられたとき，始点から終点まで流せる最大のフローはいくらか？　を求める問題だ．最大マッチング問題を最大フロー問題として書き換えるためには，人工的に始点と終点を頂点として追加し，始点と希望者全員，そして予約枠すべてと終点を結んでやればよい．最大マッチング問題では枝の向きは設定しなかった（無向グラフ）が，最大フロー問題ではフローを「どちら向きに流せるか」を考慮するため，図示するときには線分ではなく，矢印で表す（有向グラフ）．希望者と予約枠の間の枝は，最大マッチング問題のグラフを参照し，もし希望者がある予約枠を受容しているならその枝の容量は1，そうでなければ0（あるいは枝がない）と設定する．この作業を行うと，図3は図4に書き換えられる．こうしてやれば，なるべく始点から終点へ多くフローを流すことは，元の最大マッチング問題でなるべくたくさんの希望者と予約枠をマッチさせることに対応することがすぐに見て取れるだろう．図4における最大フローは，希望者A→予約枠Xを経由する経路（path）と，希望者B→予約枠Yを経由する経路の2つを通じて始点から終点へ2単位のフローを流す．このように，最大フローが経由する枝を見ることで最大マッチングも判定できる．

　フォード・ファルカーソン法では，最初は始点から終点までまったくフローを流していない状態から，ステップごとにフローを増やしていくことで最適解を発見する．最初のステップでは，図4の与えられたグラフから，始点から終点へとフローを流す経路を任意に1つ探し，追加することとなる．このような経路は，幅優先探索（breadth first search）や深さ優先探索（depth first search）などの基本的な探索アルゴリズムで簡単に見つける，あるいは不存在を証明することができる．実際に経路を追加してみた一例が図5だ．この時点では，最大フローがどういう形をしているかはわかっていないので，最大フローとは整合的ではない希望者A→予約枠Yを経由する経路が含まれてしまっている．

　次のステップでは，図5の暫定的なフローを改善できるかどうかを考える．これを判定するためには，残余グラフ（residual graph）を考えると便利だ．残余グラフは，暫定的なフローを実行することをデフォルトの状態とし，そ

図5　最初に追加する経路の例（実線）

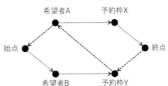

図6　図5に対応する残余グラフ

図7　最大フロー（実線）

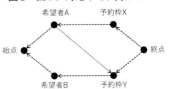

図8　図7に対応する残余グラフ

こから「追加的に何ができるか」を表現するグラフである．今考えている状況は，図4のグラフが与えられた上で，図5の暫定的なフローを流している状態をデフォルトとみなすわけだが，ここから「新しく始点から希望者Bにフローを流す」「新しく希望者Bから予約枠Yにフローを流す」「暫定的に希望者Aから予約枠Yに流していたフローを取りやめる（押し戻す）」ことなどができる．これを整理したグラフが残余グラフであり，図6のように表される．暫定的なフローで使われていない枝はそのまま維持されており，使われている枝については，追加的にフローを流すことはできず，逆にフローを押し戻すことができるので，逆向きの枝として表されているのだ．

　この残余グラフの中に，始点から終点へ至る経路があれば，それを暫定的なフローに「追加（augment）」することによって，フローを増大させることができる．例えば図6からは，始点→希望者B→予約枠Y→希望者A→予約枠X→終点という経路がある．これを始点→希望者A→予約枠Y→終点という暫定的なフローに追加すると，希望者A→予約枠Yという枝を流れるフローが押し戻される代わりに，希望者A→予約枠X，希望者B→予約枠Yという2つの枝を通じてフローが流れることとなる（図7）．

　図7の残余グラフは，図8だが，この残余グラフには始点から終点に至る

経路がない．つまり，これ以上暫定的なフローを大きくすることはできないので，最大フローが得られたということになる．（残余グラフの構成は，暫定的なフローの組み換えを制限しないので，局所最適なフローで停止する恐れはない．）　フォード・ファルカーソン法の手続きはこの時点で終了し，現在のフローを最適解として返してアルゴリズムは終了する．

　もちろん，ここで考えたような2人の希望者と2つの予約枠を割り当てる簡単な例では，人間であれば一目見れば最大マッチングを割り出すことができ，このようなアルゴリズムを回す必要はない．しかし，何百，何千，何万という希望者が参加する実務的なケースでは，直感や手作業で最大マッチングを見つけることは不可能だ．そのような場合でも，アルゴリズムを用いれば簡単に最大マッチング，すなわち接種率を最大化する割り当て方を見つけることができるのである．

3.3　メカニズムデザイン：受容可能性が未知のケース

最大マッチング達成の不可能性定理

　現実には，個々の接種希望者がどの予約枠なら都合がつくかは，希望者の私的情報（private information），すなわち希望者本人にしかわからない情報だ．この情報を割り出すために，ワクチン配布の文脈に限らず，一般的な予約システム，そしてより広範なマッチングを生成するための制度では，参加者の選好を表明させる方法が取られている．例えば，「空いている予約枠を一覧として見せ，先着順で好きな予約枠を確保させる」「第一希望は○○，第二希望は△△…といった希望順位のリストを申告させ，その後システムの側で一括して予約枠の割り当てを計算する」といった方法がよく用いられるが，これらはいずれも希望者の予約枠に対する選好についての情報を得るために実施される工程である．

　選好に関する情報を表明させる工程は色々なものが用いられているが，その工程で希望者がどのような行動を取るインセンティブがあるかを分析しなければ，制度がどのように機能するかを正しく予測することはできない．例えば，「まずすべての希望者にどの予約枠が受容可能かを尋ね，申告された受容可能な予約枠の情報をもとに（第3.2節で解説した方法を使って）最大

図9　希望者たちの真の選好

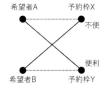

希望者A　予約枠X
不便
便利
希望者B　予約枠Y

図10　希望者Bが予約枠Xは受容できないと偽ったときの選好

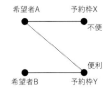

希望者A　予約枠X
不便
便利
希望者B　予約枠Y

マッチングを計算し，その通りに予約枠を割り当てる」という，一見もっともらしい方法は上手く機能しない．

　このことを理解するために，希望者A・Bともに，予約枠X・Yのいずれも受容可能だが，2人とも予約枠Yのほうが好みだと言う状況を考えよう．予約枠Xの日時が早朝や平日だったり，会場が不便な立地だったりした場合，このような状況は現実にもしばしば発生する．このとき，最大マッチングには希望者Aがより好ましい予約枠Yを取り，希望者Bが残った予約枠Xを取るものと，逆のものと2通りある．希望者A・Bの選好は対称的なので，一般性を失わず，前者のマッチングが選ばれるものとして話を進める（図9）．このとき，希望者Bは不便な予約枠Xを割り当てられてしまっているが，もし希望者Bが「予約枠Yしか都合がつかない」と，嘘の申告を行ったらどうなるだろうか．このとき，受容可能性のグラフは図10のようになり，唯一の最大マッチングでは希望者Bは予約枠Yに割り当てられる．希望者Bは予約枠Xよりも予約枠Yを好むので，予約枠Xが受容不能であるふりをすることによって，より好ましい予約枠を得てしまったこととなる．これでは，この予約システムのもとで意思表明された選好，特に受容可能性の情報が，個々の希望者の情報を真に反映したものとみなすことはできない．この問題は，予約システムが最大マッチングを返そうとする限り必ず発生する．つまり，選好が私的情報である環境では，真の選好に対しての最大マッチングを常に達成することは不可能である．（この不可能性定理は広く知られた事実だったが，筆者の知る限り，論文中にきちんと記したのは [35] が最初である．）

　この例は人工的な例で，現実にはめったに発生しないと思われるかもしれ

ないが，そんなことはない．最大マッチングを達成するためには，受容可能な予約枠が少ない希望者にもなるべく枠を割り当てなければならず，これを行うためには色々な予約枠が受容可能と言っている希望者のソフトな選好（予約枠 X も都合はつくが，できれば予約枠 Y のほうがよい）を重視できない．ゆえに，ソフトな選好に関する希望を通したければ，「あまり好きでない予約枠を回されたら，接種しに行かないぞ」と装うのが有効な対策となってしまうのだ．

サイズ比とは？

　選好が私的情報である限り，常に真の選好に対しての最大マッチングを達成することは不可能だ．では，どれぐらいの大きさのマッチングなら達成することができるだろうか？　達成できるマッチングのサイズの大きさは，選好が既知の場合に達成できる最適解である最大マッチングとの比で評価されることが多い．選好が既知のケースでできる最善のことと，選好が未知のケースで達成したことを比較し，この比率が 1 に近ければ，選好が未知という困難さをなるべく上手く解決した，とみなすという考え方だ．

　最大マッチングと達成できたマッチングのサイズの比で成果を評価するという方針を定めても，まだ評価方法は一意に定まっていない．接種希望者らの選好の組（profile）がどういうものかによって，最大マッチングと制度が達成するマッチングの両方が変化するため，「この制度は，この選好の組のもとでは非常に上手く機能するが，別の選好の組のもとでは性能が悪い」という事態がしばしば発生するからだ．気持ちとしては，「現実に起きそうな選好の組」や，「平均的な選好の組」に対しての性能を評価したいところだが，前者を用いるには何が「現実に起きそうか」を仮定する必要があり，後者を用いるには「選好の組はどのような分布に従っているのか」を仮定する必要がある．これらはいずれも，理論的な分析を行う上ではあまり置きたくない仮定だ．こういった心配のない評価方針として，考えている制度にとって最悪の選好の組，すなわち「達成できるマッチングのサイズと最大マッチングのサイズの比を最悪にする選好の組」を用いる評価方針がしばしば用いられる．この最悪の環境における制度が達成するマッチングのサイズと最大マッ

チングのサイズの比を，サイズ比と呼ぶことにする．

　この最悪のケースにおける達成可能なマッチングのサイズの比については
すでに研究が進んでおり，選好が未知の場合には，どのような決定論的なア
ルゴリズム（個々の選好の組に対し，ランダム性のない単一の配分を返すア
ルゴリズム）を使ってもサイズ比は50％以上とはならず，どのような乱択ア
ルゴリズムを用いてもサイズ比は約63.2％以上とならないことが証明されて
いる [35, 36]．（乱択アルゴリズムの性能評価の話は本書では解説を割愛す
る．興味がある読者は引用論文を読んでほしい．）　逆に，適切な制度を用い
れば，サイズ比はこれ以上悪化することはない．

局所最大が保証するサイズ比

　実は，50％のサイズ比を達成するのは簡単であり，局所最大（locally maxi-
mal）なマッチングを達成するアルゴリズムであれば何でも，サイズ比は
50％以下にならないことが証明できる．あるマッチングが局所最大というこ
とは，「単純に希望者に空いている予約枠を割り当てることはもうできない」
状態になっているということだ．より具体的に言えば，そのマッチングの中
で「どの予約枠も割り当てられていない希望者と，空いている予約枠があり，
かつその希望者がその予約枠を受容している」ということがないという性質
を指す．これはマッチングの好ましさの指標としては最も基礎的なものであ
る．

　マッチングが局所最大だと，なぜ最大マッチングの半分のサイズを必ず
持っていると言えるのだろうか？　この理由を理解するためには，再び図3
の例を考えるとよい．この選好の組に対する唯一の最大マッチングは，希望
者Aに予約枠X，希望者Bに予約枠Yを割り当てるマッチングだ．他方で，
局所最大なマッチングは他に希望者Aに予約枠Yを割り当て，希望者Bと
予約枠Yはいずれもマッチしないままのものがある．後者の局所最大マッ
チングは，前者の最大マッチングの半分の大きさとなっている．ここで，後
者の局所最大マッチングが最大マッチングではない理由は，予約枠Yとい
う希少な枠を，希望者Aという都合のつきやすい希望者に割り当てるとい
うミスを犯しているからだ．しかしながら，1つのミスを起こすことによる

損失は，この簡単な例のように，「上手くやれば2人に予約枠を割り当てられたところ，1人にしか割り当てられなかった」という影響に留まる．希望者A・予約枠Yをマッチさせたことによって起きる悪影響は，最大マッチングで予約枠Yを得るはずだった希望者Bがアンマッチとなるだけであり，それ以外の部分はこのミスによる影響を受けないからだ．あるマッチングが局所最大なら，ミスは起きるかもしれないが，ともかく限界までマッチは行われ，ミスによる損失は「サイズが2増えるところだったのに，1しか増えなかった」という影響に留まるため，局所最大マッチングは必ず最大マッチングの半分のサイズを持つ．

局所最大マッチングの達成の仕方

　最大マッチングの達成が不可能だという結果とは真逆で，局所最大のマッチングを達成するのは難しくない．「受容可能な予約枠がまだ残っている希望者に何らかの枠を割り当てる」という作業を限界まで行えば，得られるマッチングは局所最大となるので，接種希望者たちに順繰りに好きな予約枠を取っていってもらえばよい．希望者たちが選択をする順番は，先着制としても，抽選で決めても，年齢などの個人の属性に紐づいた何かを活用しても，何でもよい．これは，マッチング理論の用語でいう逐次独裁制（serial dicta-torship）という制度の実装方法の1つだ．

　このような方法は，どの希望者・予約枠がマッチさせにくいのかをまったく考慮しておらず，ゆえに最大マッチングを達成することは期待できない．だが，ここまでの分析から，そもそも制度を工夫しても最大マッチングを達成するのは選好が未知である限り不可能であり，サイズ比の評価で言えば，この局所最大マッチングを達成する割り当て方の性能は，最悪でも最大マッチングの半分のサイズを達成されることが保証されるという意味で悪くなく，しかもこのサイズ比はすべてのランダム性のないアルゴリズムの中で最良ということがわかっている．

　実務的にはむしろ，制度がきちんと局所最大マッチングを達成できるものになっているかを確認することが大事と言えるだろう．具体的に言えば，「空いている予約枠を希望者が簡単に見つけられる」ように制度設計を行うこと

が大事となる．すべての予約枠を，自治体などの機関が中央集権的に管理している場合にはこの性質はほぼ自動的に達成される．しかしながら，個別接種では個々の小規模な医療機関が別々に予約を受け付ける．また，小規模な医療機関では，診療の処理能力がそれほど大きくないことから，予約の取り付けを自動化せず，事務員が電話対応で行っている場合も多い．このようなケースでは，ちょうどよい時間の予約枠の空きがあることを確認するためには医療機関に個別に電話をかける必要があるが，接種希望者の労力や，医療機関の電話対応の容量が限界に達した場合，空いている予約枠が発見されない恐れが出てくる．このような状態が生じうるのであれば，局所最大マッチングが達成される保証はない．

　この問題を改善するためのもっともよい方法は，個別接種を実施する場合でも，ワクチンに関係する予約管理のシステムだけでも，集権化することだ．実際，米国などではCVSやWalgreensといった大手ドラッグストアチェーンが，各店舗の有資格者がワクチンの接種を行うという形で，組織的な個別接種を行ったが，予約や接種履歴の確認に使うシステムはチェーンの店舗で共有されており，情報が分散するという予約システムのデメリットは解決されている．日本国内では，岡山県が県内すべての医療機関で個別接種を受けることができる「岡山県共通予約システム」を，京都府は複数の医療機関の空き予約枠を同時に検索できる「京あんしん予約システム」を構築した．これらの施策は，医療機関の接種申込への対応の負担を大幅に減らし，接種希望者のストレスを軽減し，そして予約枠を速やかに埋めて接種を迅速に進めることに貢献したはずである．

第4章

スクリーニング

4.1　選好の強度が入ったモデル

選好の強度とは

　第3章で議論したマッチング問題の設定では,「ある予約枠がその接種希望者にとって受容可能かどうか」そして「受容可能な予約枠の中で,何番目に望ましいか」だけを議論していた.しかしながら,より詳しく接種希望者の選好を考えると,「予約枠XとYが両方受容可能であり,予約枠Yは予約枠Xよりも望ましい」という同じ選好の順序を持つ希望者たちがいたとして,ある希望者は「予約枠Yは限りなく予約枠Xよりも望ましい」と思っているかもしれないし,ある人は「どちらかの予約枠を獲得できるかが重要なのであって,割り当てられるならXでもYでもどちらでも構わない」と思っているかもしれない.このように,ある予約枠が他の予約枠に比べて「どれぐらい好きか」を,選好の強度（intensity）と呼ぶ.

　希望者の選好の強度に大きなばらつきがある場合には,単純に「どちらの希望者も予約枠Yが第一希望なので,どちらが予約枠Yを獲得するかはクジでランダムに決める」よりも,例えば「前者の希望者により望ましい予約枠Yを割り当てた上で,後者の希望者に予約枠Xを与え,多少の金銭的な補償を行う」というような,補償を介した配分を行ったほうが望ましい場合がある.また,仮に補償を用いないことにしたとしても,用いられる制度によっては,希望者の持つ選好の強度によって制度の下で最適となる行動が変わり,制度が帰結として生む配分が異なってくる可能性がある.

選好の強度の測り方

選好の強度を議論する上では，「希望者iは予約枠Yは予約枠Xの3倍望ましいと思っている」のような表現をしばしばしたくなるわけだが，こういった言葉を使うためには，「3倍望ましい」とは何なのかを定義する必要がある．単純に，個人が内面に持つ「気持ちの強さ」を尺度とするのは有効な方法ではない．気持ちの強さを定量的に表明させることはできないし，仮にできたとしても異なる希望者の気持ちの強さを比較することができないからだ．

代わりに，経済学でよく使われる方法の一つは，「予約枠Xが手に入るのと，予約枠Yが50％の確率で手に入り，50％の確率で何も手に入らない」という具合に，もらえる予約枠の確率分布を考え，「予約枠Yが手に入る確率が低くても，後者を選択する人は予約枠Yが強く好き」と考えるものだ．この方法については，ワクチン配布の文脈で役立ちそうなポイントが見当たらないため，本書ではこちらの定式化については深く議論しない．

もう一つの方法は，「予約枠以外の何かを，どれぐらい諦めてもよいと思うぐらい好きか？」を考えるものである．「予約枠以外の何か」によく用いられるものは，金銭と無駄な労力だ．ひとまず，金銭を使うことを前提に説明を進める．予約枠と金銭の両方が入った配分問題では，各希望者の選好は「どの予約枠を得られたか」と「いくら金銭を支払った（もらった）か」の組に対して定義される．効用関数（utility function）とは，予約枠と金銭の支払いを数値で評価する関数であり，その値が大きいほど，希望者にとって望ましい配分と定義する．ここでは，以下のような，効用関数を考える．

$$u_i(x_i, y_i) = v_i(x_i) - y_i$$

ここで，x_iは希望者iが得た予約枠を，y_iは希望者iがそのために支払った金額を表す．u_iは希望者iに対する配分(x_i, y_i)を数値に変換する効用関数であり，(x_i, y_i)と(x'_i, y'_i)という2つの配分が与えられたとき，希望者iは$u_i(x_i, y_i) > u_i(x'_i, y'_i)$ならば前者を好み，$u_i(x_i, y_i) < u_i(x'_i, y'_i)$なら後者を好み，そして$u_i(x_i, y_i) = u_i(x'_i, y'_i)$であればどちらも同じぐらい好ましいと思っていることを表す．

希望者iが，配分(x_i, y_i)に対して感じる効用には色々な形が考えられるが，

ここでは準線形効用（quasi-linear utility）という仮定を置いて，効用関数の形を限定している．すなわち，希望者 i が配分から得る効用は，予約枠から得られる効用（第1項）と金銭から得られる効用（第2項）の形に足し算の形で分離できるということだ．効用関数がこの形で分離可能なとき，「予約枠 a を得られるとどれぐらい嬉しいか」は，「$v_i(a)$ 円分」という形で，金銭を使って定量化することができる．$v_i(a)$ が非常に大きい場合は，その希望者はかなり高い値段を払ってでも予約枠 a が欲しいと思っているということであり，逆に低い場合には，あまり高いお金を払うぐらいなら妥協して別の予約枠にしたい，と思っているということである．

　ここまで，金銭をもとに効用関数を定義していたが，y_i として金銭以外のものを考えても同様の議論ができる．例えば，金銭の代わりに「予約の作業を完了させるのにかかった時間」だとすると，$v_i(x_i)$ は，「予約枠 x_i を確保できるなら，予約作業のためにかけてもよい時間」を表すこととなる．

スクリーニングとは

　希望者の予約枠に対する選好の強さを表す関数 v_i は，通常，接種希望者本人しかわからない私的情報である．選好の強度は，前章で私的情報だと考えていた「予約枠が受容可能か否か」「受容可能な予約枠の中で，望ましさの順番はどうなっているか」という情報よりも細かい情報であるため，これは当たり前のことだ．（希望者 i の選好の強度 v_i がわかれば，$v_i(a)$ が $v_i(b)$ よりも大きいか否かを検討することで，希望者 i が予約枠 a を予約枠 b よりも好むかどうかわかるし，$v_i(a)$ が正か負かを見れば希望者 i が予約枠 a を受容するかどうかもわかる．）

　ワクチン配布を行っている途中の段階ではワクチンは常に不足するため，どうしてもワクチンを手に入れられない人も出てくる．ワクチン配布の過程で，希望者らが追加的に金銭を支払ったり予約の作業に労力をかけたりすることで予約を取りやすくなるのであれば，選好の強度が私的情報であっても，選好の強度が高い希望者，つまり $v_i(a)$ の値が高い希望者 i は，自ら進んで高い金銭や労力のコストを費やすことにより，他の希望者に先んじて予約枠 a を確保できる．選好の強度が外部から観察できない中，コストをかけ

させることにより，選好の強度が低い参加者に財の獲得をあきらめさせ，選好の強度が高い参加者を割り出して配分を行う方法を，スクリーニング（screening）と呼ぶ．以降の節で議論するように，このスクリーニングが社会にとって望ましいか否かは状況によりけりだが，本章ではワクチン配布の各ステージにおいて，このような活動がどのように配分の帰結に影響を及ぼしてきたのかを議論する．

4.2 金銭によるスクリーニング

単純な単一財モデル

まず，ワクチンの配分に際して金銭の支払いを絡められる場合を考えよう．個人のレベルではワクチン配布に金銭の支払いを絡ませた，すなわち「たくさんお金を払う人には優先してワクチンを接種した」国は筆者の知る限りほとんど存在しないが，金銭を使えるケースはこの後の議論のベンチマークとして有用であるほか，国家間のワクチン配分を評価する上で有意義な面もある．

話の焦点をスクリーニングに当てるのであれば，前章のように予約枠がたくさんある状況を考え，接種希望者と予約枠の間のマッチングを考える必要はない．ここでは，話を単純化するため，配分すべき予約枠は現在，ただ1つだけ存在し，その予約枠をI人の接種希望者が獲得したいと願っているという状況を考えよう．希望者iのこの予約枠に対する評価は，1次元の実数として，$v_i \in [0, +\infty)$として表される．希望者iの評価v_iは希望者i自身の私的情報である．評価v_iは連続分布Fから独立な試行として実現すると仮定する．

予約枠が1つしかないので，各希望者iにとっての配分は，自分が予約枠を獲得できたかできなかったかの2値となる．これを$x_i \in \{0, 1\}$として表記する．予約枠は1つしかないことから，$\sum_{i=1}^{I} x_i \leq 1$が，予約枠の資源制約となる．希望者$i$がワクチンの予約に際してかける金銭的なコストを$y_i \in \mathbb{R}$とおく．このとき，希望者$i$が，$i$にとっての配分$(x_i, y_i)$から受ける効用は，

$$u_i(x_i, y_i; v_i) = v_i x_i - y_i$$

となる．

金銭を使えるならスクリーニングすべき

　この問題において，配分の良し悪しはどう評価されるだろうか？　各希望者がこの配分問題から得る効用は$u_i(x_i, y_i; v_i)$であり，この合計を最大化することが目標として良さそうだが，忘れてはならないのは政府が各希望者iからy_i円だけ金銭の支払いを受けていることだ．政府は金銭を受け取ることから利益を得られるので，これを加味した社会全体の効用の総和は，

$$W(x, y, v) = \sum_{i=1}^{I} \left[u_i(x_i, y_i; v_i) + y_i \right] = \sum_{i=1}^{I} v_i x_i$$

と書くことができる．この関数$W(x, y)$のことを，社会厚生（social welfare）と呼ぶ．

　政府が目標とすべきなのは，この社会厚生$W(x, y)$を最大とするような配分$(x, y) = (x_i, y_i)_{i=1}^{I}$を実現することだ．目的関数は$v_i x_i$の和として表されているが，予約枠はただ1つしかないため，x_iはただ1人のiについて1となり，それ以外ではすべて0になる．したがって，社会厚生は結局予約枠を割り当てられた希望者iの評価v_iに等しい．つまり，社会厚生を最大化するためには，金銭によるスクリーニングを最大限駆使して一番予約枠を評価している希望者を探し出し，その希望者に予約枠を割り当てるのがよい，ということになる．

　一口に言ってしまえば，この結果は「配分に金銭の支払いを絡められるなら，スクリーニングしたほうがよい」ことを意味する．理由は単純で，金銭によるスクリーニングには，社会的な意味でのコストは発生しないからだ．もちろん，希望者本人にとっては金銭の支払いは負担となるが，支払った分はそのままワクチンを配布する主体（政府）の収入となるため，全体で見ればゼロサムである．社会全体で見ると，スクリーニングによって，評価額が高い希望者を割り出し，その人に上手く配分できたというメリットだけが残るため，スクリーニングは常に行ったほうがよいのである．

制度とゲーム

　政府は直接，希望者の評価v_iを観察することができない．代わりに，配分

x や金銭の支払い額 y_i を決めるための（ゲーム理論的な意味での）ゲームを制度として設計し，そのゲームの中で希望者らが取る行動によって評価 v_i を割り出すことを試みる．

　分析の詳細は割愛するが，希望者らがプレイするゲームは，以下の要素で特徴づけられるベイジアンゲーム（Bayesian game）である．

・接種希望者らがプレイヤー
・評価 v_i が各プレイヤーの私的情報
・評価 v_i は確率分布 F から独立に引かれる
・制度のもとで希望者らが取ることができる行動の集合が，ゲームの行動の集合
・$u_i(x_i, y_i; v_i)$ が希望者 i の効用関数

このゲームのもとで，ベイジアンナッシュ均衡としてどのような帰結が産まれるかを考察した上で，さかのぼってどのような制度を設計するのが望ましいかを考察するのが，制度設計の問題である．

オークションを使った解決

　金銭を使ったスクリーニングのための制度として，マーケットデザインの分野ではしばしばオークションが用いられる．オークションにかけられる財に対し，各参加者は異なる評価額を感じている．参加者らは自らの評価額の大小に対応した入札を行い，入札額が大きかった参加者が財を勝ち取る．財を高く評価する参加者が高い入札を行い，財を勝ち取り，金銭を支払うので，オークションは評価額の高い希望者に上手く財を割り当てることができるのだ．

　きちんと意図通りに最も評価の高い希望者に勝たせるためには適切な制度選択が必要となる．現在考えている単純な状況では，例えば希望者たちに金額を封印入札させ，最も高い入札を行った希望者を勝者として予約枠を与え，2番目に高かった入札額を対価として支払わせる2位価格オークション（second-price auction）を行えば，意図通りの予約枠の配分を達成することができる．

　2位価格オークションが評価額最大の希望者を上手くスクリーニングしてくれる理屈は難しくない．いま，あなたが希望者 i だとして，他の希望者た

ちの入札のうち，最大の入札額がp円だとしよう．あなたがp円より高い入
札をすれば，あなたはオークションに勝ち，2番目の入札額はp円となるの
で，あなたの支払い額はp円となる．あなたの効用はv_i-pとなる．あなた
がp円より低い入札をすれば，あなたはオークションに負け，金銭の支払い
もないので，効用はゼロだ．したがって，あなたは，あなたの評価v_iがpよ
りも高い場合には，pより高い入札を行うのが得で，そうでなければpより
も低い入札を行うのが得となる．重要なのは，あなたの入札額はあなたの支
払い額に影響しないので，結果に関係があるのはあなたの入札額がp円より
高いか低いかだけで，その大小関係さえ定まっていればどんな入札額でも関
係がないことだ．（例えば，実務的によく使われている1位価格オークショ
ンを使う場合，あなたが勝者となったときに支払う額はあなたの入札額とな
るため，この性質は満たされない．）

　実際には他の希望者たちのうちの最大の入札額pは，あなたが入札額を決
めている時点ではわからないわけだが，それを知る必要はない．あなたが自
分の評価額であるv_iをそのまま入札すれば，「v_iがpよりも高いときは勝ち，
低いときは負ける」をpの値に関係なく実現できる．したがって，自分の評
価額であるv_iをそのまま入札することは，他の希望者らがどう行動するかに
かかわりなく最適な行動の一つとなる．全員がそのような入札額の決め方を
した場合，入札の勝者は「最も評価額＝入札額が高い人」となる．これは意
図通りの結果である．

　実務的にワクチンの予約枠の配分でオークションが活用された事例を筆者
は知らないが，金銭を使ったスクリーニングは望ましい配分を達成するため
の手段として非常に強力なため，部分的に採用したほうがよいという主張は
しばしば経済学者からなされた．例えば2017年に行動経済学の業績によっ
てノーベル経済学賞を受賞したリチャード・セイラーは，[37]で，供給量の
ごく一部を富裕層に向けたチャリティーオークションで販売し，そこで得た
収入を原資として，ワクチン接種に消極的な人への補助金を支給すべきと提
案している．高い金額を支払った富裕層のみ優先して接種を受けられるとい
う制度は社会からの反発も強そうだが，得られた収入が接種の円滑化に使わ
れるなら納得する人も多いだろう．

国家間のワクチン配分

　希望者個人が，予約枠ごとに割り振られた異なる金額を支払う・もらうという予約システムが採用された例は（おそらく）存在しないが，より大きい単位ではワクチンの配布に金銭の支払いは当たり前のように利用されている．COVID-19のワクチン配布のような，パンデミック・ワクチンの売買では，国が製薬会社と契約を結ぶことで供給の段取りが確定するが，ここには当然，需要者である国と供給者である製薬会社との間に金銭が絡む契約が成される．

　このワクチン配布もマーケットデザインの問題としての性格を色濃く持っている．ワクチンの製造と配布は製薬会社が行うが，供給は瞬間的になされるのではなく，時間経過と共に徐々に行われるため，ワクチン配布の各段階で需要は供給を大きく上回る．国によってワクチン配布のためのロジスティクスの準備状況も違えば，ワクチン配布の動機となる国内での感染の蔓延の度合いも異なるため，どの国も（基本的には）「なるべく早くワクチンを受け取って接種を開始したい」と思いつつも，その思いの強さ，すなわち選好の強度は異なる．

　今すぐ，絶対にワクチンが欲しい国と，状況はさほどひっ迫していないが，なるべく早く接種を開始したい国を区別し，緊急性が高い国に優先してワクチンを配布するにあたり，早期のワクチン供給には割増料金を設定するのは，社会的に見ても妥当な方針である．このような契約が成されると，しばしば「製薬会社が足元を見て高額の料金を請求してきた」と見る向きもあるが，国ごとの状況を精査して製薬会社がどの国を優先するかを決めるよりも，割増料金を払ってでもすぐに供給を開始してほしい国を優先するほうが，ある意味公平でもある．

　第1.3節で述べたように，日本にワクチンが供給されはじめたタイミングは，他の先進国と比べて顕著に遅く，当時の報道ではこれをワクチン外交の失敗として非難する向きもあった．しかし，ワクチン供給の数量やタイミングを見るだけでは，果たして日本政府が失敗したか否かを判定することはできない．製薬会社は限られた数のワクチンから最大の利益を挙げるため，そしてなるべく多くの人を救うために，供給のタイミングによって金額等の諸

条件を調整していると考えられるからだ．一見，早期の供給に多額の金銭を要求することは社会正義に反するように聞こえるかもしれないが，上述のスクリーニングの事情が絡む場合には，これがむしろ感染状況がひどい国を優先して救うための効果的な方策になる場合がある．もし早期の供給に高い割増料金がかけられていたなら，日本は感染状況に比較的余裕があったことを踏まえ，「日本の状況はこの高い割増料金を払うほどひっ迫していないので，需要が落ち着いた時期に安くワクチンを供給してもらおう」という判断が，日本の利益にとって最適であった可能性がある．残念ながら，日本政府と製薬会社の間に結ばれた契約の詳細は公開されていないので，この議論が正しいかを判定することはできないのだが，詳細な契約内容がわからない状態でワクチン供給の遅さだけを非難するのは，国民にとって損な政治的判断を誘発する可能性があり，危険である．

4.3　労力によるスクリーニング

労力によるスクリーニングの例

　前節でも説明したように，ワクチン配布で金銭によるスクリーニングが用いられる例はまれだ．社会厚生最大化の意味でも，公平性達成の意味でも，パンデミック・ワクチンの配布は多くの場合無償で実施されるし，仮に料金を取る場合でも，接種する時期や予約枠の利便性などをもとに価格差別を行うことは極めて珍しい．

　しかしながら，金銭以外の形でスクリーニングが (時に意図せずして) 行われることは珍しくない．例えば，先着制の予約システムで他の希望者に先んじて予約枠を抑えるために，受付開始時刻付近にコンピュータの前で待機したり，親戚・知人友人に協力を仰いだり，列に並んだり，空いている予約枠を探すために様々な会場に連絡を取ったり，列に並んだり……希望する予約枠を手に入れるための，このような「労力」はすべてスクリーニングに通じる．労力をかければかけるほど予約を取りやすくなっているという状況は，ちょうどお金をかければかけるほど予約が取りやすくなっている状況と同じように，希望者の選好のスクリーニングにつながっているのだ．

金銭と労力の差

　希望者の目線から見ると，金銭によるスクリーニングと労力によるスクリーニングの間にはさほど大きな違いはない．現実には労力には色々な種類があるが，今回は1次元的な努力の量をイメージし，希望者iは任意の正の実数y_iを労力として選べる状況を考えよう．例えば，予約獲得のためにかける時間などがイメージに近い．前節と同じく，予約枠が1つしかないという単純化したモデルを考えると，希望者iが労力y_iをかけた結果として配分x_i（x_iは希望者iが予約枠を獲得していれば1, そうでなければ0を取る2値変数）を得た場合，希望者iの効用は金銭を使ったモデルと同じく

$$u_i(x_i, y_i; v_i) = v_i x_i - y_i$$

と表せる．ここで，v_iは確率分布Fに従う希望者iの財に対する評価額だが，金銭を使ったモデルのときは「予約枠を受け取ることはv_i円受け取るのと同じ価値」という解釈だったのに対し，労力を使ったモデルでは「v_i円」ではなく，「v_i時間分の労力」への換算であることに注意してほしい．

　評価額v_iと支払いy_iの単位が変わったとはいえ，ここまでモデルの数理的な構造には差がないが，社会厚生を考える際には金銭と労力の間に大きな差が生じる．金銭を使ったモデルの場合，接種希望者らが支払ったお金は政府の懐に入るため，希望者らがお金をたくさん支払うことで社会厚生が負の影響を受けることはなく，結果としてお金の配分はどうでもよいので，とにかく一番財に対する評価額が高い人に財を割り当てることを目指すことが社会厚生の最大化につながった．労力の場合はそうではない．希望者がどれだけ接種予約のために時間をかけようと，それによって政府が得をすることはないからだ．（ここでは単純化のために議論を省くが，システム的な負荷のことを考えると，予約のために労力が割かれてしまうのは，政府にとってマイナスな場合すらある．）ゆえに，労力を使ったスクリーニングモデルにおける社会厚生は，

$$W(x, y, v) = \sum_{i=1}^{I} u_i(x_i, y_i; v_i) = \sum_{i=1}^{I} \left[v_i x_i - y_i \right]$$

となる.

スクリーニングのコスト

　金銭を使える状況とは異なり，労力を使ったスクリーニングが社会厚生上望ましいかどうかは場合による．スクリーニングを行うことで，より評価額 v_i が高い希望者 i を見つけ出し，財を割り当てることができる．しかし，それを行った場合，希望者らは自分の選好の強さを証明するために多大な労力 y_i を割くこととなり，このことが社会厚生上の損失を生む．スクリーニングを行ったほうが得かどうかを判定するためには，このメリットとデメリットを定量的に評価する必要があるのだ.

　実は「評価額の組 $v = (v_1, ..., v_I)$ ごとに，どういう配分 $x = (x_1, ..., x_I)$ を返すか」という対応関係（数学的には関数）が指定され，財にまったく価値を感じない $v_i = 0$ の人の支払うコストがゼロだと指定されると，スクリーニングのために費やされる希望者たちの金銭ないしは労力のコストが一意に定まることが知られている．議論の詳細はここでは割愛するが，この結果は収入同値定理（revenue equivalence theorem）として知られており，[38] などが標準的な教科書である．直観的に言えば，評価額が高い人に財を割り当てるためには必ずスクリーニングを行う必要があり，そのためには金銭にしろ，労力にしろ，必ずコストの支払いが介在するということだ.

　それでは，金銭を使ったスクリーニングの際には最適であった，I 人の接種希望者の中から，最も評価額 v_i を見つけて配分を行うという，最大限にスクリーニングを労力の浪費によって達成するためには，どの程度のコストを費やさなければならないのだろうか？　導出の詳細は省くが，希望者 i の評価額が v_i であるときに費やすコストの期待値は，

$$(I-1)\int_0^{v_i} y\big(F(y)\big)^{I-1} f(y)dy$$

となることが証明できる．金銭を使ったスクリーニングのときは，この支払いは政府が収入として回収していたが，労力を使ったスクリーニングの際はこの分がまるまる社会的に浪費されるのである.

他方で，評価額が高い人を探し出すことをあきらめれば，労力の浪費を防ぐことができる．これを達成するためには，評価額の情報を一切調べることなく，希望者の誰かにランダムに予約枠を配分してしまえばよい．誰が先に接種を受けられるかを抽選で決めてしまえば，労力（コスト）を費やしても予約枠（財）が得られる確率はまったく上がらないので，希望者から見て労力を費やす便益はまったくない．ゆえに，配分は評価額にまったく依存しないものとなり，評価額が低い人に予約枠を割り当ててしまうミスはしばしば発生してしまうものの，スクリーニングのコストは一切かからなくなるのだ．

スクリーニングを行うべきか？

　それでは，スクリーニングを行う便益は，浪費しなければならない労力コストに見合っているだろうか？　答えは，評価額 v_i が従う確率分布 F に依存する．量の感覚を得るために，ひとまず F が区間 $[0, 1]$ 上の一様分布，すなわち 0 から 1 までの評価額が等しい確率（密度）で実現すると仮定して，スクリーニングを行う場合と行わない場合の社会厚生を評価してみよう．

　実際に計算すると，労力によるスクリーニングを行った場合の社会厚生の期待値は $1/(I+1)$ となり，希望者の数が増加するにつれて減少してしまう．需給のバランスが偏れば偏るほど，希望者たちはみんな予約枠確保のために多大な労力を費やしてしまい，結果としてワクチンの配分から得られる便益をほぼ相殺してしまうのだ．金銭を用いたスクリーニングの場合はもちろんこういうことは起こらない．人数が増えるにつれて，高い評価額の希望者は見つかりやすくなり，社会的にはスクリーニングのコストも発生しない．実際に計算すると，金銭によるスクリーニングを行った場合の社会厚生の期待値は $I/(I+1)$ となる．最後に，スクリーニングを行わず，予約枠をランダムに配る場合の社会厚生だが，これは費やされる労力はゼロで，評価額の期待値は一様分布の期待値である $1/2$ となるため，社会厚生の期待値も $1/2$ だ．

　希望者の人数 I ごとに，社会厚生の期待値をプロットすると図11のようになる．需給が一致している，希望人数が 1 人のケースではスクリーニングは行いようがなく，すべての配布方法が同じ社会厚生を達成する．しかしながら，スクリーニングを行わない場合に達成される社会厚生は需給に依らず一

図11　スクリーニングと社会厚生の期待値

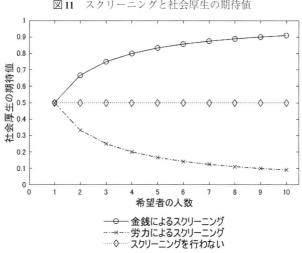

定だが，労力によるスクリーニングで達成される社会厚生は希望人数が増え
ていくにつれて，次第に下がっていく．評価額の分布が一様分布である場合，
労力によるスクリーニングが望ましい結果を生み出すことはない．

　では，他の評価額の分布のもとでは，労力によるスクリーニングが有効で
あることもあるのだろうか？　[39]は，ハザードレート（hazard rate）$f(v)/$
$(1-F(v))$ の増減によって，スクリーニングを行ったほうが社会厚生が大き
くなるかどうかが決まることを示している．一様分布のような，ハザード
レートが単調増加である分布の場合，スクリーニングは行わないほうが社会
厚生を大きくできる．他方で，パレート分布のような，裾が厚く，ハザード
レートが単調減少である分布の場合，労力を浪費してでもスクリーニングを
行ったほうがよい．直観的には，希望者らの評価額がパレート分布のような
裾が厚い分布に従っている場合，評価額に非常には大きなバラつきがあると
いうことが予想される．評価額に大きなバラつきがある場合には，スクリー
ニングの便益は大きくなる．単純に高い評価額の希望者を見つける便益は大
きくなるし，それに対してスクリーニングのコストはさほど大きくならな
い．二位価格オークションの説明で述べたように，一番評価額が高い希望者

を見つけ出すための最も単純な方法は，二番目に高い評価額を支払わせることで，他のすべての希望者をあきらめさせることだ．評価額に大きなバラつきがある場合，一番高い評価額は二番目に高い評価額よりもかなり大きいことが多く，その場合は「一番高い評価額の希望者に予約枠を割り当てられた」ことによる便益は，「二番目に高い評価額に相当する分だけ，労力が浪費された」ことを大きく上回るのだ．なお，ハザードレートが単調増加でも単調減少でもなく，区間によって増減が変化する場合には，部分的にスクリーニングを行う方法が最適となる．

　現実のワクチン配布の状況で，評価額の分布がどのような形をしていたかは定かではない．このため，これ以降の議論は数値に基づかない感覚をもとにしたものとなってしまうが，上記の結果を見るに，労力によるスクリーニングはあまり行わないほうがよいという印象を筆者は持っている．スクリーニングは，外部から観察できる属性によって選好の強度が割り出せる場合には行う必要がない．例えば医療従事者である・高齢者である・基礎疾患を持つという観察可能な理由に基づいて評価額が高い（と予想される）人については，単にそれらの人々を優先して接種を行えばよい．分布の裾が厚いか否かの議論は，これらの要因を取り除いた上でなお，選好の強度に大きなバラつきがあるかという形でなされるべきだが，多くの深刻な理由は観察可能であるように思われる．また，もし仮に評価額が従う分布の裾が厚く，評価額に大きなバラつきがある場合には，労力によってスクリーニングを行うのではなく，部分的に [37] が提案したようなチャリティーオークションを実施することを真剣に検討するべきではないだろうか．

4.4　モデルの頑健性

多数財・複数財

　ここまでの分析では，1人の希望者に対し，割り当てられる予約枠が1つしかないケースを考えてきた．これを，同質な予約枠が $K>1$ 個あるケースへと拡張することは，多数財のオークション（multi-unit auction）への洞察を応用すれば，簡単に分析でき，結論に概ね変化はない．前章の分析で説明したように，現実には予約枠は異質な財である．このような状況でも，「全員

がなるべく早くワクチンを打ちたいと思っている」「早く打ちたい程度は，評価額v_iに比例する」というような仮定が満たされる場合には，単一財のケースと同じように分析することができる．

　ただし，予約枠の財としての異質性にこのような都合のよい性質がない場合には，分析は難しい．具体的には，一次元の評価額v_iで希望者iの選好を表現できない場合に，労力を浪費させてでもスクリーニングを行うべきか否かは，筆者の知る限りまだ学術的に分析されていないトピックである．実際，予約枠が指定する日時や場所に対する好みには異質性があると考えられる．

　このような一般的な異質性があるケースの厳密な分析は行えていないが，このような状況では金銭よりも使い勝手の悪い労力を活用してでもスクリーニングを行う意義はやや上昇すると考えられる．予約枠に異質性があるということは，例えばどの曜日でも概ね接種を受けられる希望者もいれば，絶対に土曜日でなければならないという希望者もいるといった具合に，評価額の高さだけではなく，どの予約枠に高い評価をつけているかがまちまちだということである．このような状況で先着制の予約システムが用いられていた場合，後者のような特定の予約枠に非常に強い希望がある希望者は，労力を割いて自分が希望する希少な予約枠を確保しに行くだろう．他方で，前者のように受け入れ可能な予約枠が広い希望者は，あまり労力を割かなくとも，残った予約枠で接種を受けられる．この住み分けは，抽選などの労力のスクリーニングを行わせない予約方式では実現しない．単一財のケースを対象とした本章の分析には，このような「特定の予約枠に強いこだわりがある希望者が先に行動しやすくなる」という便益が表れていない．

リソースの差

　ここまでの分析では，準線形効用を仮定することで，金銭を使うモデルでは「ワクチンを接種するとv_i円分の金銭を受け取ったのに相当する効用を得られる」ことを仮定し，労力を使うモデルでは「ワクチンを接種するとv_i時間，行列に並ぶのを帳消しにできる効用を得られる」ことを仮定した上で，（労力の場合はコストを勘案した上で）なるべくv_iが大きい希望者に予約枠を割り当てる問題を考えていた．しかしながら，現実には個々人にとって，

v_i 円払うコストも v_i 時間行列に並ぶコストも一様ではない.

　支払う金銭や労力が大した大きさでなければ，この問題はさほど重要ではない．しかしながら，例えば今回のパンデミック下では実際に，マンパワー，つまりワクチン予約に割ける労力の差は問題となったようだ．たとえば，日常的に電子端末を使っていない高齢者がインターネットで予約を取れるか，予約が取れない場合に協力できる家族などがいるか否かが予約の取りやすさに直結した．十分なマンパワーを持っていない高齢者は，ワクチンを打ちたいという強い希望を持っていてもなかなか予約が取りにくい状況は現実にあったのだ．

　金銭の支払いについては，個人のレベルでは観測事例がないが，国家間の配分では貧富の差は実際に問題となった．「ワクチンは非常に欲しいと思っているが，ワクチンを購入するための予算がない」という状況にある発展途上国は多く，単純に金銭を使ったスクリーニングを行うと，これらの国々が一方的に損をする．仮にワクチンを割り当てたとして，速やかに配布ができたかなどは個々の国の医療体制にも依存するため，一概に購買力・交渉力の不足でそうなったとは言えないが，発展途上国の接種が先進国より遅れたのは全世界的な現象だった．投入できるリソースの量は，金銭によるスクリーニングではカバーしきれない問題であることを認識し，これを補う政策を併用することが必要だ．

第5章

予約システムの検討

5.1 市町村の強い裁量と多様な配布方式

第1回・第2回のワクチン接種では，実に多様な配布の仕方が用いられた．これは，様々な主体が配布に関与し，個々の主体が強い裁量権を持って配布方式を決定していたからだ．我が国におけるCOVID-19のワクチンの接種事業では，基本的に市町村が実施主体となり，ワクチン配布の最終部分である住民への接種の実施を取り仕切った．（国・都道府県・市町村の各々の基本的な役割は，[40]に整理されている．）加えて，国や都道府県なども別に大規模接種会場を用意したり，大学や企業などが職域接種を実施したりもした．これらの事業は基本的に独立に運営されたため，異なる配布方式が併存する形となった．

ワクチン接種担当大臣として，初期の接種政策を取り仕切った河野太郎氏は，2021年10月に行った対談の中で，「私の接種担当大臣としての最も重要な仕事は，1,741の市区町村を箸の上げ下ろしまで縛ろうとする厚労省を抑え，自治体が自由に創意工夫や努力をしていけるようにすることでした」[41]と振り返っている．市町村などの実施主体が強い裁量を持つことによって，効率化された業務は，きっと数多くあるだろう．都市部で勤務する官僚や学者が，すべての市町村の細かな状況を把握できているとはとても思えず，国などの大きな単位が接種事業の詳細を決め，強制すれば，様々な非効率性が生じることは想像に難くない．

しかしながら，2021年中に発生した様々な混乱を見ると，最終的な意思決定は市町村等に任せるにしても，国などのより大きな行政単位がモデルとなる配布の行い方を提示するメリットは大きかったのではないかとも感じ

た．予約システムも含めた配布方式の検討にはスケールメリットがある．市町村ごとの特殊な事情に応じた微調整が必要だとしても，ある市町村で有効である方法が，別の市町村でも有効であるケースは多いはずだ．予約システムまで国レベルで設計・発注・実装し，すべての市町村にそれを利用可能なツールとして提供できていれば，ワクチンの配布もスムーズに進み，「車輪の再発明」を行うコストも削減でき，市町村の担当者の見落としによるトラブルも防げることもあったのではないか．

　国が前もってツールを利用可能な形で整備しておくためには，市町村などが独自に計画を練るより先に開発に目途をつける必要がある．COVID-19のワクチン配布の場合，ワクチン開発が異例の速さで進んだ分，配布計画検討のための猶予も大幅に短縮されてしまったので，これを実行するのは相当に困難だったと考えられる．筆者自身も，十分早くモデルケースの検討を提言できたわけでもないため，この点は改善の余地があった点ではあるものの，政府のミスと咎めるべきではないと感じる．しかし，次に似た構造の問題が起きた際には，モデルとなる方法とその実行のためのツールを提供できれば理想的である．その一助として，本章では，現実に用いられてきたワクチン配布の方式の長所と短所を整理し，振り返ってどのような方式でワクチンの配布を行うのが望ましかったかを検討する．

5.2　先着制

　実用された様々な予約システムの中で，もっとも広範に用いられたのが先着制の予約システムである．先着制の予約システムでは，現在空いている予約枠が常に掲示され続ける．接種希望者らは，いつでもシステムにアクセスし，空いている予約枠の中から好きなものを選択肢，その場で予約を完了させることができる．

　先着制の予約システムは，平時，すなわち予約枠が潤沢に提供され，他の人に先んじなくとも予約枠を確保できる状況では，優秀な方式である．予約枠の供給が潤沢であれば，特定の日付・会場で接種を受けたいという強い選好を持つ希望者が先に動き，どの日付・会場でも構わない希望者が残りを取る形で，予約枠の配分が効率的に行われる．予約にかかるアクションは非常

に簡潔で，現在空いている予約枠の中から最も好きなものを1つ選ぶだけでよい．このアクションの単純さから，ウェブ上の予約フォームに不慣れな者に対し，比較的容易に電話予約への対応が可能だ．予約は即時に確定されるため，予約の確定までに複数の日付の予定を空けておく必要はない．何より，どのように予約を取るべきか，何をするのが自分にとって最も得かがわかりやすい．後述する一括制はこれらのメリットを持たない．これらの理由から，先着制の予約システムは我々の生活の中で日常的に用いられており，ゆえにパンデミック・ワクチンの配布という特殊な状況でも同じ方式が流用されたようだ．

　しかしながら，パンデミック・ワクチンの配布の初期段階のように，需要のほうが供給よりもかなり強い状況では，先着制の予約システムの欠点がより強く出てしまう．先着制の予約システムでは，他の希望者よりも先に動くことによって，予約枠を確保しやすくなる．これはまさに，第4.3節で議論した労力によるスクリーニングが行われるケースだ．需要が強い場合には，限られた予約枠を争うために希望者らは多大な労力を費やしてしまい，そのコストはスクリーニングによる便益を上回る．

　ここでの労力によるスクリーニングは，第4.3節の理論的なモデルでは議論していない問題も引き起こす．先着制のもとでは，ウェブで予約を受け付ける場合は「いかに早く予約フォームにアクセスするか」，電話予約の場合は「いかに早くコールセンターに電話するか」，物理的な会場で予約を受け付ける場合は「いかに早く予約会場へ行き，予約のための列に並ぶか」によって予約枠の確保のしやすさが決まる．ここに労力がかかるということは，予約フォームを管理するサーバーやコールセンターに異様な負荷がかかるということであり，予約会場周辺に長蛇の列ができるということでもある．実際，横浜市では80歳以上の高齢者約34万人に対してワクチン接種の予約枠約7万5千回分の配分をするにあたり，1分間の最大アクセス数を100万件と想定していたが，実際には予約受付開始直後にアクセスは200万件に達し，予約フォームにつながりにくい状態となって，予約受付を中止せざるを得ない状態となった [42]．青森県の十和田市や南部町では，コールセンターに電話が殺到し，つながりにくいことに不満を持った住民がセンターへ押し寄せ

たり，町役場に苦情の電話を入れたりした [43]．理論モデルでは，労力は金銭とは異なり，費やされればただの浪費となり，プラスにはならないものとして扱ったが，実際には予約確保のために費やされる労力は，役所やシステムに負荷を，住民にストレスを与えるマイナスの効果を持つ．

横浜市や，他多くの自治体や予約サイトを提供する事業者らは，この問題をサーバーの増強によって対処しようとした．しかし，これは余分なコストだ．そもそも先着制の予約システムを用いなければ，他者に先んじて予約を済ませるメリットはないため，受付開始直後の短い期間に200万件ものアクセスが殺到することはない．例えば一括抽選制であれば，住民の人数程度の合計アクセス数が，受付開始時刻から締切時刻までに分散するのが自然であり，そもそも横浜市が当初用意した100万件/分の処理能力すらまったく必要ではないのである．

「早くアクセスした人が予約枠を取れる」という先着制のシステムが公平だという主張もあるが，これも妥当とは言えない．受付直後，すぐなくなる予約枠を確保できるかどうかは，例えばワクチン予約に家族などの人手を借りられるか，家のインターネット回線が十分に強いかなどに依存する．これらの資源が潤沢な人が先に予約枠を確保しやすいという構造は，高齢者や基礎疾患がある人を優先させたいという合理性のある優先順位とは異なり，公平とは言えない．

慶應義塾大学の栗野盛光氏はさらに，自身が執筆した論文 [44] をもとに，先着制のもとでは悪質な代行業者の活動により，さらに事態が悪化してしまう可能性を指摘している．代行業者は，接種希望者から注文を受けてから予約の作業を始めるのではなく，あらかじめ偽名や手持ちの名義を使って予約枠を確保することができる．顧客が現れれば，抑えてある予約枠をキャンセルし，即座に顧客の名義で予約を取り直す．この方法は，（手持ちの名義をたくさん用意するハードルがやや上がるものの）予約システムが本人確認を要求しても使えるのが恐ろしいところだ．一見，代行業者に支払う金銭がスクリーニングに使われるだけのように思われるかもしれないが，この状況はそれよりもさらに悪い．代行業者はあらかじめ大量に予約枠を押さえることにより，仮に押さえた予約枠が売れなくとも，「代行業者に注文しないと予

約枠がなかなか確保できない状況」を人為的に作り出し，より大きな利益を狙うことができる．また，代行業者が押さえた予約枠が売れ残ってしまえば，接種を受けたい人はたくさんいるのに予約の時間に誰も人が現れず，接種ができないという事態も発生してしまう．このような悪質な代行業者の活動は，米国の運転免許証交付をはじめとする世界各地の先着制を採用する公共サービスの予約手続きなどで実際に観察され，社会問題となっている．ワクチン配布の文脈で，このような試みが現実に行われたかははっきりわからないが，楽観視すべきではない．

　先着制の弱点を緩和する単純な方法として，予約受付のタイミングを希望者ごとに細かく分散させる方法が挙げられる．受付のタイミングをずらしてしまえば，先に受付開始された人は後から受付開始される人に抜かされることはあまりなく，労力をかけても予約枠を確保できる可能性はさほど上昇しない．実際，大阪府茨木市 [45] など様々な市町村が接種券を送付するタイミングを分散させる手を使ったが，物理的に接種券を送るタイミングを分散させるだけだと，状況に応じてきめ細かく受付開始のタイミングを調整することができなかったり，接種券が届かない人が国・県・職域などの接種事業にも応募できなかったりする [46][47] などの弊害もあったようだ．この方針を取りつつ，先着制の弱点を解消するために発案されたのが後述する招待制である．

5.3　一括制

　先着制の問題は，「先に行動すれば得」という競争の構造にある．これを解決する一つの方法は，タイミングによって予約申込の優先順位を決めないようにすることだ．一括制の予約システムでは，事前に予約の締切日を設け，そこまでに行われた予約申込は，申込の時点にかかわらず，対等に扱う．締切までに集まった予約申込をもとに，抽選などランダムに決める優先順位か，年齢など，希望者の属性に基づく優先順位のいずれかを用いて，誰がどの予約枠に割り振られるかを決定し，結果を通知する．ワクチンの予約の場合，供給は逐次的に行われるので，締切と予約枠の配分は，例えば「日曜日の正午にその週の予約枠を配分する」といった形で，逐次的に行っていくこ

ととなるだろう.

　締切時点で行う予約枠の配分は，マッチング理論でいうところの逐次独裁
制を用いるのが望ましいと考えられる．希望者は，その締切時点で配分され
る予約枠のそれぞれについて，「第1希望は○○，第2希望は□□…」という
具合に，選好表（または希望順位表）を提出する．抽選や年齢順などの方法で，
提出された選好表を優先順位の順番に並び替え，順に「まだ空いている予約
枠の中で，その人にとって一番希望順位が高い予約枠」を割り当てていく．
先着制と比べると実用例は少ないものの，一括抽選制には実用例もあり，兵
庫県加古川市 [25] や，東京都が行った若者向けの接種事業 [48] などで実践
された．（その後，加古川市では後に，先着制を利用している国・県・職域
等の接種事業との兼ね合いにより，キャンセルが急増するという問題が発生
し，先着制へ回帰した [49].）

　一括制のもとで達成される予約枠の配分は，先着制のもとで優先順位の順
に希望者らがやってきた場合と同じになる．違いは優先順位を先着順で決め
るか，抽選や年齢順などの「希望者本人の労力ではどうにもならないこと」
をもとに決めるかだけだ．裏を返せば，先着しても優先順位は強くならない
ので，先着する労力を割くインセンティブはない．たったこれだけの工夫で，
予約殺到や代行業者の暗躍のような問題が解決されるのである．

　もちろん，一括制には弱点もある．先着制のもとでは，「今空いている予
約枠の中での第1希望」を予約フォームで申告するだけでよいが，一括制の
もとでは，予約を取るために「受容可能なたくさんの予約枠と，それらの間
の希望順位」という複雑な情報を入力する必要がある．端的に言ってこれに
は手間がかかるし，電話予約などを行う場合にはこれらの情報をすべて口頭
で伝えることとなり，さらに面倒だ．予約の受付開始から締切まではある程
度時間を置く必要があるが，この期間，当落が確定せず，希望したすべての
予約枠に対応する日時を空けておかないといけないのも不便である．しかし
ながら，ワクチン予約のような殺到の問題が重要となる問題では，メリット
がこれらのデメリットを勝り，一括制は優れた制度となるのだ．

　殺到を解決するには，先着制ではなく一括制であるのが重要であり，優先
順位を抽選で決めるか年齢順（など）で決めるかは些末な問題である．しか

しながら，筆者はランダムでない形で優先順位を定めるほうが勝ると考えている．第一に，抽選は，しばしば不正を疑われがちだ．公正なクジを作成するのは技術的には難しくないが，暗号技術などの知識もない一般人に，クジが公正であることを説得するのは手間がかかる．第二に，年齢順であれば，現在何歳ぐらいまでの人が予約できる状況なのか把握しやすい．予約受付と締切が繰り返し訪れ，接種を繰り返していると，年齢順の優先順位が設定されていれば，基本的に高齢者から順に接種が進んでいく．前回の予約枠の配分で，「50歳の人まではだいたい近所の会場で予約が取れ，場所を選ばなければ45歳ぐらいまで予約が取れた」という情報があれば，現在48歳の人はそろそろ予約しようかと思うだろうし，30歳の人はまだ予約の申し込みをしなくてよいと判断できるだろう．接種希望者らはどうしても，実際に予約が取れるまで何度か予約フォームにアクセスしなければならないのだが，年齢順であれば「明らかにまだ自分の順番は来ない」ことがわかりやすいので，その回数を減らせるのだ．第三に，上記の特性のおかげで，電話予約との併用が比較的容易になる．一括制の弱点は，選好表の提出が面倒なことだが，例えば前回の予約枠の配分で50歳の人まで予約枠が回ったという結果が出ていれば，次回の配分ではそれよりある程度優先順位が強い人たち，例えば60歳以上の人たちなどについては，「予約フォームで申し込んでも当選確実な人たち」とみなし，例外的に先着順で予約を受け付けてもよい．この併用を行っても，一括制の予約フォームを使うほうが早く予約が取れることが保証されているので，労力の浪費は心配にならない．抽選制でも，接種券の番号をランダムに割り振るなどして，締切の度にクジを引き直すのではなく，最初に引いたクジで個人の優先順位を決めてしまえば同様のことはできるが，年齢などの誰もが記憶している数値をもとにしたほうが混乱は少ないのではないだろうか．

5.4　割当制

　労力の浪費とそれに関係する諸問題を解決するさらに過激な方針として，そもそも配分に希望者の選好を反映させないという手がある．福島県相馬市[26]や，奈良県生駒市[45]などは，地区別に日時を指定して集団接種を行

う方法を取った．接種希望者は，接種券と共に送られる返信用ハガキを用いて接種を希望する意思表明をした後，予約のアクションを行うことなく，指定された日時に会場へ行くだけで接種ができる．来訪者全員に接種を行えるだけワクチンを用意することが保証できていれば，労力をかけて予約枠を確保しやすくするのはもちろん不可能であり，先着制の弱点は克服されている．予約というアクションそのものを廃しているので，一括制のように選好表の提出という面倒なアクションも行わせずに済むし，接種希望者への情報伝達も極めて簡単に済ませられる．このように，希望者の予約枠に対する選好を聞くことなく予約枠を割り当ててしまう方法を，割当制と呼ぶことにしよう．

　他方で，割当制の根本的な弱点は，希望者とのコミュニケーションを妥協しているがゆえに，希望者の事情に配慮できないことだ．第3章で議論したように，接種希望者にはワクチン接種のために時間を割きやすい日と，そうでない日がある．よほど事態が酷く，すべての経済活動に優先してでもワクチン接種を迅速に進めなければならない事態であれば，「別の用事のほうをあきらめろ」と強制したほうがよい状況もあるだろうが，これを実行するために必要な多大な社会的費用を考えれば，なるべく希望者の都合に配慮する接種のスケジューリングが望ましいはずである．割当制を採用した相馬市でも，地区ごとに割り当てられた日程で都合がつかない人に対し，個別に再調整を受け付けていた．

　どのように，そしてどこまで再調整を受け付けるかは難しい問題だ．再調整を（あまり）行わず，基本的にすべてに接種希望者に割り当てた予約枠を強制するという方針を取るなら，選好を考慮できていないことによる弊害，すなわち都合がつかないことにより接種できない人の発生や，何とか打てた希望者にも無理な予定変更を強いてしまう危険性が強く出てしまう．これがどの程度，重大な問題になるかは，まさに希望者らの選好次第なので，最悪のケースの保証もない．具体的に言えば，理論モデルのレベルでは，割当制のもとではサイズ比が0%となってしまう事例すら作ることができる．第3.3節で議論したように，先着制や一括制は50%のサイズ比が保証されているのとは対照的である．理論的な性能保証がないと，例えば高齢者に向けて

行った初期の配布では上手くいっても，より都合のつく日時の制約が強い生産年齢の人を対象とすると問題が生じる，あるいはある地域で上手くいっても，別の地域では上手くいかないなどの可能性が残る．

　そもそも再調整を許すには限界がある．先着制や一括制と言った，ここまでで議論してきた制度が，何らかの形で優先順位を決めて「誰がどの予約枠を決めるか」を決めていくのは，資源の制約として，すべての人に希望通りの予約枠を与えるのは不可能だからだ．一度，選好を考慮せずに個々の希望者にデフォルトの選択肢としての予約枠を割り当ててしまうと，そこから望ましい配分へと調整を行うのは，先着制や一括制のように，ゼロから予約枠を配分するよりもさらに難しくなってしまう．

5.5　割当交換制

　割当制の弱点を緩和するため，北見工業大学の奥村貴史氏らの研究グループは，一度選好を考慮せずに予約枠を配分した上で，再調整を希望する者同士で予約枠を交換できる仕組みを提案した [50]．予約枠は電子的にも物理的にも交換できる仕様とし，友人知人と物理的に交換することも，インターネット上に設置されたプラットフォームを通じて電子的に交換することも可能とする．電子的な交換においては，トップ・トレーディング・サイクル（top trading cycle）制と呼ばれる，個々人が財を持ち寄った上でそれを効率的に交換するためのマッチング・アルゴリズムを用いる．（初出の論文は [51] であり，日本語による解説は [52] などを参照．）すべての人に予約枠を割り当てることで，予約フォーム上での予約操作ができない人にも接種の機会を保証し，かつなるべく再調整をやりやすくすることで，日時の都合をつけやすくするという割当制の改善案と言える．本書では，この方式を割当交換制と呼ぶことにする．

　予約枠の交換というオプションを用意することで，割当制の長所が損なわれることない．接種希望者らは望んだときしか交換を行わないので，割当制による配分を初期状態として，交換が行われる度にマッチングのサイズや，希望者の効用は高まっていく．この意味で，割当交換制は実装の手間を無視すれば割当制の上位互換となっている．

望ましい配分を達成するためには，なるべく交換がしやすい環境を作る必要があるが，これは意外と難しい．交換を成立させるためには，交換に関与する複数の希望者の全員の参加が必要であり，もし交換プラットフォームに参加している人が少なければ，「交換できそうな予約枠が少ないから，交換プラットフォームに参加しても仕方がない」と希望者たちが考えるので，交換プラットフォームが寂れている状態は均衡の1つとなる．割当制が有効と考えられている，多くの人がウェブ上で予約等の操作ができない状況では，交換プラットフォームに参加する人数も自ずと限られてしまうので，この問題はなおさら深刻になる．

　成立する交換の機会がある限り交換を続けた場合，最終的に行きつくベストな状態は，先着制や一括制が（何らかの到着順・優先順位のもとで）達成する配分となる．先着制や一括制は，空いている予約枠から一番好きな枠を選んでいくシステムなので，（予約後に事情が変わらない限り）交換によって接種希望者らが得をするケースが存在しないような良い配分（経済学の専門用語では，パレート効率的な配分）を最初から達成している．言い換えれば，希望者が予約フォームへの入力を問題なく実行できるようであれば，予約枠を最初に無作為に配った後に交換させるよりも，最初から接種希望者に好きな予約枠を獲得させたほうが速い，ということだ．

　以上の議論を整理すると，希望者の多くがウェブ上のプラットフォームを使えるようであれば，先着制や一括制のような希望する予約枠を獲得させてしまう方法のほうが効率がよく，逆にほとんど使える人がいないなら割当交換制の性能は割当制と変わらない．割当交換制はこの中間のケースである．予約操作を苦にしない人とそうでない人が入り混じっているケースに選択肢の一つとなるが，実用する際には，交換を活発に行ってもらうためになるべく多くの人に交換プラットフォームを活用してもらう工夫が不可欠である．

5.6　招待制

　最後に紹介するのは，本書の執筆時点で筆者が最も優れた制度ではないかと考えている招待制である．筆者が1回目・2回目の接種のタイミングで居住していた，カナダのブリティッシュコロンビア州では，本節で述べるよう

な方法が実際に用いられていた.

　招待制の作りは先着制に近いが, 予約の殺到を防ぐ巧妙な仕掛けがある. 接種希望者は最初に,「自分は接種を希望する」という意思表明である「登録」を行う. 登録を行った時点ではまだ, 予約枠についての選好を伝える必要はなく, またこの時点で予約枠が配分されることはない. 登録を行った接種希望者に, システムは年齢順などの形で設定された優先順位をもとに, 順次「招待」を行う. 招待を受け取った接種希望者は, 先着制と同じく, 空いている予約枠から好きなものを即座に押さえることができる. なお, ブリティッシュコロンビア州では本人確認に BC Services Card という, 日本で言うところのマイナンバーカードのようなものを登録の時点で要求し, 招待は登録時に入力したメールアドレスにメールを送る形で実装した.

　まず, この方式は先着制のメリットである, コミュニケーションが簡便であり, かつ予約のアクションを取った時点で予約が即確定するという性質を引き継いでいる. 可能ならウェブ予約のほうが効率はよいが, 電話予約への対応も先着制と同程度には容易だ. 登録と招待は機械音声による対応で実行可能だし, 予約の作業はコールセンターに電話し, 希望する会場と日時についてコミュニケーションを取ればよい. この点で, 招待制は一括制よりも優れている.

　他方で, 招待制は, 一括制などと同様に, 先着制の弱点を克服している. 招待が来た後は先着制なので, 早い者勝ちの構造を完全に廃しているわけではないが, 招待は少しずつ行うため, 個々人で予約が可能となるタイミングは分散する. ゆえに, 先着制で受付開始のタイミングを分散した場合と同様に, 労力をかけても先に招待を受けた者の順番は抜かせないため, 予約の殺到は起きない.

　単純に接種券を段階的に送ることで受付開始のタイミングを分散させた先着制との大きな違いは, 直近の予約枠の埋まり具合と, 招待を送ったがまだ予約を完了していない希望者の人数を見ながら, 行政側が次の人にすぐ招待を送るかどうかを調整できることだ. 人口のうち, どれぐらいの割合の人が接種を希望するかを, 接種事業を計画する段階で正確に予測するのは難しい. より具体的に, どの曜日, どの時間帯, どの会場がどれぐらい人気かを

判断するのはさらに困難だ．予想より住民が接種に乗り気でなかったり，特定の時間帯や会場の予約枠の埋まり方が悪かったりする場合には，受付の対象となる人を増やして接種を効率的に進めたい．招待制は，例えば高齢者接種の段階でも比較的年配の生産年齢の人々に少しずつ招待を送るなどして，予約可能な希望者の人数をコントロールすることで，この問題に柔軟に対応できる．

　招待を送る優先順位を年齢順などの形であらかじめ決めておけば，一括年齢順制のように「今，何歳以上の人が予約可能となっているか」「このまま順調に招待が進行すれば，自分が予約可能となるのはいつ頃か」の目安も知らせることができる．先着制の予約フォームにアクセスできなかったり，コールセンターに電話がつながらなかったりする状態，そして抽選制で何度も落選し，いつ予約ができるかわからないという状態は，パンデミック下という非常時に置かれた人間の心身にさらなるストレスを与えるが，招待制は将来の予測を接種希望者らに伝えやすく，先行きの不透明さに由来する不安感を軽減することができる．現在，予約可能となっている年齢が何歳か周知するのはコミュニケーションのコストが低いため，デジタル・リテラシーが低い人への対応という点でも強みがある．

　最後に，需要が落ち着き，供給が十分になってきた段階では，一括制や割当制などと比べ，先着制が優れた制度となることは前に述べた通りだが，招待制は，その段階ではシームレスに先着制へ接続することができる．具体的には，ある希望者が登録を行った時点で招待を受けるに値する優先順位である場合（供給が十分である状況に関して言えば，基本的にすべての希望者が該当する）には，登録を行った後，そのまま予約フォームへ案内してしまえばよい．予約殺到の危険性があるタイミングで一括制や割当制を採用する自治体は，どこかの段階で先着制への制度の切り替えが求められるが，招待制は同一のシステムの下で，制度変更なく先着制へ移行できるのである．

5.7　まとめ

　供給が潤沢にある場合には，予約殺到は問題にならない．需要と供給がある程度落ち着いた後には，平時によく用いられる先着制か，あるいは予約な

しでの受付が好まれるだろう．他方で，予約殺到の問題が懸念となるほど，需要が供給を上回っている場合には，先着制は望ましくない．

　予約殺到の問題は，先着制の「早い者勝ち」の構造を廃止すれば解決される．この解決策として，先着順ではなく，別に決めた優先順位の順に予約を受け付ける一括制や，そもそも希望者の選好を考慮しない割当制，そして先着順の構造を維持しつつも，予約を受け付けるタイミングをシステムが調整する招待制などが挙げられる．

　すべての接種希望者に接種を受ける会場・日時に強い希望がまったくなく，また予約を取る作業を極端に面倒がるようであれば，割当制が最善の選択肢だ．多少なりとも，日時に都合がある接種希望者が混ざっているなら交換プラットフォームを導入して割当交換制とすべきだろう．逆に，多くの人が予約の操作ができ，かつスケジュール的な制約も多くて都合がつく日時が限定される場合には，先着制のメリットが維持され，殺到の問題も避けられる招待制が望ましい．

第6章

その他の論点

6.1 補助金の活用

第1.2節で議論したように，ワクチンの接種には「感染を予防することで，周囲の人々にウイルスを感染させにくくなる」「発症・重症化を予防することで，受診・入院の可能性を減らし，医療資源のひっ迫を緩和する」という他者に恩恵をもたらす効果がある．この効果は，経済学の用語で正の外部性（positive externality）と呼ばれる．ある人がワクチンを接種することの社会的な価値は，本人が得る恩恵と周囲の人々が得る恩恵の両方を合計で測られるべきだが，個々人の目線から見ると，周囲の人々の恩恵は自らの利益とは関係がなく，ワクチン接種の利益は過小評価され，政策介入を行わなければ接種率は社会的に望ましい水準よりも低くなってしまう．これを解決する最も古典的かつ基本的な方法は，接種に「周囲の人々が得る恩恵」に相当する量の補助金を支給することである．

補助金の支給量は細かく調整されていないものの，2022年末の時点で，公費負担の縮小の議論は行われているものの，1回目〜4回目の接種では費用は全額公費負担となっている．接種にかかる費用である1人当たり2,070円は国が市町村などの実施者に支給し，加えて2,000円〜3,000円程度のワクチンの薬価も国が負担する．（ワクチンの購入費用については，メーカーと調達時期によって微妙に異なるようだが，[53] によればファイザー社のワクチンの日本向けの価格は2,400円である．）公費負担でワクチン接種を無料化するのは，接種を奨励する補助金を支給しているのと同じだ．また，コロナ下での被害が大きかった産業への支援として，飲食産業向けに「Go To Eat キャンペーン事業」，旅行産業向けに「Go To トラベル事業」「全国旅行支援」

などの政策が実施された．細かい支給条件の説明は省くが，これらの事業は消費者が感染対策等の一定の要求を満たした飲食店や宿泊施設を利用する際に，給付金を支給するものである．このうち，後発の事業で，ワクチン供給が本格化した後に実施された全国旅行支援では，消費者が給付金を受け取る（つまりサービス料金の割引を受ける）ためにはワクチン接種証明書またはPCR検査等の陰性証明書が要求され，ワクチン接種を奨励するための補助金という性格も帯びた．パンデミックという大規模災害が発生した際には，被害を受けた産業への支援や景気対策がなされるのは通常であり，その副次的な目的として，ワクチン接種などの正の外部性がある行動に対して補助金を支給することができれば，一石二鳥の効果が生じる．

　補助金は単に接種を奨励するだけではなく，接種希望者の選好の強さをスクリーニングし，そして不人気の予約枠を埋めてしまうのにも有効である．金銭のスクリーニングの道具としての有効性は，第4.2節で細かく議論したため，繰り返す必要もないだろう．効率的な接種が可能な大規模会場は，しばしば接種希望者の目から見れば不便な位置にある．また，一度会場を設営してしまえば，平日や早朝・夜間などの時間も活用して接種を進めたい状況もあるが，そういった時間に進んで予約したい人はあまりいないだろう．ちょうど様々なサービス業で実践されている平日割・夜間割・ハッピーアワーなどのように，不人気の時間に接種を受ければ補助金やポイントを多めに受け取れるようになれば，迅速に接種を進める上でも役に立つ．補助金の支給要件をここまで柔軟に設定している事例は，海外を含めても筆者は知らないが，個人番号の普及と，様々な制度のデジタル化が進む将来においては実装可能になるかもしれない．

6.2　処理能力の温存

ウェブ予約と電話予約

　効率的に予約枠の配分を行うにあたり，情報通信技術を用いたシステムを使う利点は大きい．物理的な郵送や音声での案内と比べると情報伝達が迅速だし，リアルタイムで表示する情報を更新でき，複雑な情報を入力させ，かつそれを瞬時に処理することができ，しかもそれを人手だと対処が難しい大

人数を相手に同時に実行することができる．第5章で議論した予約システムはすべて電子化されたウェブ予約の形で実装するほうが効率的である．情報通信技術を一切用いずに何とか実装できるのは割当制ぐらいであり，特に一括制の予約枠配分や，割当交換制のプラットフォームはウェブ予約以外の形で実装するのは非現実的だ．

　他方で，接種対象である住民の中には，インターネット端末の操作に不慣れで，情報通信技術を利用できない者もいる．情報格差の問題に対処するため，公のセクターである自治体は，そのような人々にも予約システムへのアクセスを保証しなければならず，COVID-19 に対するワクチン配布でも，多くの自治体がコールセンターと契約して電話予約を受け付けたり，市役所等に対面での受付窓口を設置したりして対応した．

　注意しなければならないのは，コールセンターや受付窓口などの手動の対応は，サーバーの上で稼働しているウェブ上の予約フォームと比べ，人的資源を多く取られ，処理能力も低いことだ．コールセンターにすべての住民に対応できるだけの処理能力を持たせることは不可能であり，情報通信技術を利用できない人に対象を絞らないと，コールセンターは容易にパンクする．しかし，電話予約しかできない「フリ」は万人ができることであり，特定の層にだけ電話予約を許すというルールは課すことはできない．ではどうすればよいのだろうか？

　一見，不公平に思われるかもしれないが，この問題の根本的な解決策は，ウェブ予約を電話予約よりも少しだけ優遇することである．より具体的に言えば，「ウェブ予約ができる人が，電話予約を行うことによって得になる状況は一切ない」システムを作り，かつその事実を公に示せばよい．こうしておけば，ウェブ予約できる人は全員ウェブ予約を行うので，コールセンターの処理能力はすべて電話予約しかできない人に回される．電話予約しかできない人を不利に扱っているように思われるかもしれないが，電話予約しかできない人にとっての生命線であるコールセンターの処理能力を守ることができるので，むしろ弱者にとって望ましい帰結を生む．

　この条件が満たされるシステムの例は，先着制の予約システムで，電話予約はコールセンターのスタッフがウェブ予約の操作を代行するだけ，という

ものだ．ウェブ予約ができる人は，自身で予約フォームに入力すればよいだけなので，電話予約をしても得しない．他方で，ウェブ予約と電話予約のそれぞれに別々の予約枠を用意する運用も COVID-19 のパンデミック下でよく見られたが，この方式のもとでは「ウェブでは予約が取れなかったが，電話なら予約が取れるかもしれないからかけてみよう」というインセンティブが働くため，コールセンターがパンクする危険性がある．

大規模接種会場

　2021 年 5 月 24 日より開始された，国（自衛隊）や県が主導する大規模接種会場では，1 日あたり数千人と通常の集団接種会場よりもはるかに高い処理能力が特徴である．接種の効率を上げるため，単に広い会場に多くの人員を配置しているだけではなく，規模の経済を最大限活用してオペレーションを最適化し，来場者全員へ速やかに接種を行うことに成功した．接種にかかる時間は，接種後の 15 分の経過観察の時間を含め，全体で 30 分程度となっていたようだ．

　東京・大阪に最初に解説された大規模接種会場では当初，電話予約は受け付けず，ウェブ予約のみでの対応が行われていた．特に大阪会場では，会場が市中心部から遠いことが，当時接種対象であった高齢者から敬遠されたためか，なかなか予約が埋まらなかった．電話予約を受け付けてはじめて枠がすべて埋まったという．この結果を受けて，松井一郎大阪市長は「やっぱり電話なんだなと改めて感じている．65 歳以上の高齢者は，IT での予約は不慣れな方が多い」と語った [54]．

　大規模接種会場のコンセプトは，機動力が高い人向きであることは確かだ．会場数が少ないので，会場に到着するまでの移動距離は長くなりがちだし，会場が大きいために会場内での歩行距離も長い．会場内の待ち時間が短いため，一概に不便・不人気とは言い切れないが，長距離移動がつらい人に適している方式ではない．機動力が高い人に対しては効率的な接種方法となるが，機動力の低い人は，効率はやや劣るものの，個別接種や自治体による集団接種を好むはずである．

　これを踏まえると，すべての人に対し，無理に大規模接種会場の予約を取

りやすくする必要はないのではないか．大規模接種会場はむしろ，接種に意欲的であり，機動力も高い人を対象と位置づけ，65歳以上の高齢者だけで予約が埋まらないなら，電話予約を開放するよりも，段階的に対象とする年齢を下げることで予約枠を埋めてしまえばよかったかもしれない．65歳に満たない人にも，機動力が高くない人は大勢いる．デジタル・リテラシーが低い人にとっての電話予約と同じく，彼らにとっては自治体の接種事業が強く好まれる選択肢である．彼らに対し，個別接種等の予約枠を残しておくためには，他の人に別の接種機会を与える必要がある．効率よく多くの人に接種できる大規模接種会場は，その役割としてはうってつけだ．機動力が高い人が大規模接種会場で接種を受けることで，機動力が低い人が近隣で接種を受けられる．同様の議論は，企業等が実施する職域接種に対しても言える．市町村がすべての住民に予約と接種の機会を保証するよう気を配っているなら，他の接種事業はむしろ効率を優先したほうが，配慮が必要な人々にとって望ましい帰結になることがある．

　COVID-19のパンデミック下では，市町村が最も基本的な接種事業の実施主体だったためか，市町村による接種が最初に開始し，その後，国や都道府県などの大規模接種会場の設置が続くケースが多かった．しかし，近隣でないとワクチンを打ちにくい人に近隣の会場を割り振るという配慮を達成するにあたり，この手順は望ましくない．まず大規模接種会場を開き，効率重視の予約システムと会場運営でもついてこれる人への接種をある程度済ませたほうが，後続する市町村での接種で，近隣会場で打ちたい人に予約枠を回しやすくなる。

おわりに

　パンデミック・ワクチンの配布というトピックまで話題を限定しても，本書で扱いきれなかった論点はいくつもある．例えば，社会的に望ましい形でワクチンの供給を行ってもらうために，政府と製薬会社がどう契約を結ぶべきか [55] [56] [57]，ワクチン接種前後での人間の行動変化のパターンを踏まえて，どういう順番でワクチン接種を行うべきか [58]，ワクチンを公平に配布するためにはどういう制度を使えばよいか [59] など，経済学者が発表した論文は多岐に渡る．

　本書では，その中でも，ワクチン配布のロジスティクス，特に予約システムの設計に焦点を当てた．予約システムは，接種希望者に予約枠を割り当てていく制度という意味で，マッチング・アルゴリズムとなっており，その分析にはマーケットデザインの主要な応用であるマッチングの理論が役に立つ．本書では，マッチングのサイズ，すなわち接種率を大きくするためにはどうすればよいか，選好の強度はどうスクリーニングできるか，やったほうがよいか，そして様々な要因を踏まえ，どのような予約システムを採用するのが良さそうかを分析した．

　COVID-19 のパンデミックは誰も予想していない，史上稀にみる規模の大災害であったため，様々な契約・制度・システムが，目の前にある問題に対処しながら場当たり的に構築された．本書では，色々と実務的に使われた手法の弱点を指摘してきたが，時間に追われながら急きょ作り上げたシステムが不完全であることは当然であり，むしろこの難題をこなした政策担当者には畏敬の念を覚える．

　次なる災害に直面した際，なるべく多くのツールを武器として持っておくため，過去の災害で発生した問題と，それに対する改善策を整理しておくことが重要だ．本書でカバーできた内容はその一部に過ぎないが，将来，何らかの問題解決の役に立てば，これほど嬉しいことはない。

[1]　Centers for Disease Control and Prevention, "Scientific Brief: SARS-CoV-2 Transmission," https://www.cdc.gov/coronavirus/2019-ncov/science/science-briefs/sars-cov-2-transmission.html

[2]　厚生科学審議会予防接種・ワクチン分科会予防接種基本方針部会「新型コロナウイルスワクチンの接種順位等について」https://www.mhlw.go.jp/content/10906000/000692193.pdf

[3]　Elizabeth J. Williamson et al., "Factors Associated with COVID-19-related death using OpenSAFELY," *Nature,* vol. 584, pp. 430–436, 2022.

[4]　厚生労働省「ワクチンの効果, 供給の状況等」https://www.mhlw.go.jp/content/10900000/000776454.pdf

[5]　厚生労働省「新型コロナワクチンの副反応疑い報告について」https://www.mhlw.go.jp/stf/seisakunitsuite/bunya/vaccine_hukuhannou-utagai-houkoku.html

[6]　ファイザー株式会社「コミナティ筋注（1価：起源株）」添付文書, 2022.

[7]　モデルナ・ジャパン株式会社「スパイクバックス筋注（1価：起源株）」添付文書, 2022.

[8]　伊藤澄信・楠進・土田尚・金子善博・飛田護邦「新型コロナワクチンの投与開始初期の重点的調査（コホート調査）　健康観察日誌集計の中間報告（17）」2021 https://www.mhlw.go.jp/content/10601000/000862143.pdf

[9]　読売新聞社「2回目接種 半数超が発熱 コロナワクチン 多摩市職員対象に調査＝東京」, 読売新聞 東京朝刊, 2021年6月24日.

[10]　読売新聞社「米, ワクチン接種許可 新型コロナ, ファイザー製」, 読売新聞 東京夕刊, 2020年12月12日.

[11]　読売新聞社「米ワクチン許可2例目 モデルナ製 数日中に接種開始」, 読売新聞 東京朝刊, 2020年12月20日.

[12]　読売新聞社「ワクチン国内初承認 新型コロナ 首相『17日接種開始』」, 読売新聞 東京夕刊, 2021年2月14日.

[13]　読売新聞社「コロナワクチン モデルナ製きょう承認 厚労省 大規模接種で使用」, 読売新聞 東京朝刊, 2021年5月21日.

[14]　読売新聞社「ワクチン国内接種 開始 新型コロナ まず医師ら4万人」読売新聞 大阪夕刊, 2022年2月17日.

[15]　読売新聞社「新型コロナ ワクチン接種 来月中旬から 県内医療従事者＝和歌山」, 読売新聞社 大阪朝刊, 2021年2月10日.

[16]　読売新聞社「医療者接種 来月中旬から ワクチン 県方針65歳以上＝奈良」, 読売新聞 大阪朝刊, 2021年2月6日.

［17］ 読売新聞社「大規模接種始まる 東京 23 区・大阪市 7500 人 コロナワクチン」，読売新聞社 東京夕刊，2021 年 5 月 24 日．

［18］ 読売新聞社「職場接種 本格開始 コロナワクチン 企業や大学」，読売新聞 東京夕刊，2021 年 6 月 21 日．

［19］ 読売新聞社「首相記者会見要旨」，読売新聞 東京朝刊，2021 年 5 月 8 日．

［20］ 丸谷浩史「ワクチン接種の『菅モデル』100 万回と政局で勝負」，日本経済新聞，2021 年 6 月 7 日．

［21］ 上野実輝彦「『ワクチン接種 1 日 100 万回』…首相目標，打ち手不足が深刻」，東京新聞，2021 年 5 月 24 日．

［22］ 藤井大輔・仲田泰祐「5 月 31 日に宣言解除した場合：ワクチン接種見通しの役割」https://covid19outputjapan.github.io/JP/files/FujiiNakata_Slides_20210508.pdf

［23］ 読売新聞社「ワクチン準備 自治体手探り 会場確保に課題 離島は移動検討」，読売新聞 大阪朝刊，2021 年 2 月 6 日．

［24］ 読売新聞社「高齢者接種 準備加速 ワクチン 会場，意思確保へ＝東京」，読売新聞 東京朝刊，2021 年 2 月 18 日．

［25］ 三浦宏「65 歳以上全員，接種予約可 加古川市，券発送を完了 コロナワクチン／兵庫県」，朝日新聞 播磨・1 地方朝刊，2021 年 6 月 5 日．

［26］ 読売新聞社「［政治の現場］ワクチン (5) 公平・効率 両立に苦心 (連載)」読売新聞 東京朝刊，2021 年 5 月 30 日．

［27］ 日本経済新聞社「ワクチン 3 回目の追加接種，国内で開始 医療従事者から」，日本経済新聞，2021 年 12 月 1 日．

［28］ 読売新聞社「ワクチン 4 回目接種スタート」，読売新聞 東京夕刊，2022 年 5 月 25 日．

［29］ 読売新聞社「BA5 対応ファイザー製ワクチン，特例承認…10 月中旬にも接種開始」，読売新聞オンライン，2022 年 10 月 5 日．

［30］ 松島斉『ゲーム理論はアート』，日本評論社，2018．

［31］ S. Noda, "Large Matchings in Large Markets with Flexible Supply," Working Paper, 2019.

［32］ 野田俊也「COVID-19 ワクチン配布計画とマッチング・マーケットデザイン」，東京大学マーケットデザインセンター，2021．

［33］ 大竹文雄・栗野盛光・小島武仁・小林慶一郎・野田俊也・室岡健志「ワクチン予約システムに関する改善提案」，2021．

［34］ 大竹文雄・小田原悠朗・栗野盛光・小島武仁・小林慶一郎・野田俊也・室岡健志・渡辺安虎「ワクチン接種の需要喚起についての政策提言」，2021．

［35］ P. Krysta, D. Manlove, B. Rastegari, J. Zhang, "Size versus Truthfulness in the Assignment Problem," in Proceedings of the Fifteenth ACM Conference on Economics and Computation, 2014.

[36] S. Noda, "Size versus Truncation Robustness in the Assignment Problem," *Journal of Mathematical Economics*, vol. 87, pp. 1–5, 2020.

[37] R. H. Thaler, "Getting Everyone Vaccinated, with 'nudges' and charity auctions, https://www.nytimes.com/2020/12/09/business/coronavirus-vaccination-auctions-celebrities.html

[38] V. Krishna, Auction Theory, Academic Press, 2009.

[39] J. Hartline, T. Roughgarden, "Optimal mechanism design and money burning," in the 40th Annual ACM Symposium on Theory and Computing, 2008.

[40] 厚生労働省「新型コロナウイルス感染症に係る予防接種の実施に関する手引き（13.2版）」，2022.

[41] タウンニュース「特別対談 日本を前に進める 河野太郎 前ワクチン接種担当・規制改革相×牧島かれんデジタル相 20」https://www.townnews.co.jp/0605/2021/10/14/595591.html

[42] 武井宏之「横浜市，ワクチン予約中断 アクセス殺到『対応不十分』」，朝日新聞，2021年5月4日．

[43] 読売新聞社「ワクチン予約殺到 自治体 対応強化 電話回線増設 来訪受け付け」，読売新聞 東京朝刊，2021年4月27日．

[44] R. Hakimov, C.-P. Heller, D. Kübler, M. Kurino, "How to avoid black markets for appointments with online booking systems," *American Economic Review*, vol. 111, no. 7, pp. 2127–2151, 2021.

[45] 読売新聞社「ワクチン スムーズ接種予約に知恵」，読売新聞 大阪夕刊，2021年6月4日．

[46] 読売新聞社「ワクチン 接種券発送 急きょ前倒し 一部自治体」，読売新聞 大阪朝刊，2021年5月25日．

[47] 読売新聞社「ワクチン 都内大規模会場分 接種券 未発送36万人」，読売新聞，2021年5月18日．

[48] 読売新聞社「ワクチン 渋谷・若者向け会場 オンライン抽選 4日接種分から」，読売新聞 東京朝刊，2021年9月3日．

[49] 三浦宏「(新型コロナ) 予約，再び先着順に 加古川市，ワクチン接種／兵庫県」，朝日新聞 播磨・1地方朝刊，2021年6月26日．

[50] 国立大学法人北見工業大学「『ワクチン接種日時を自由に交換』予約の混乱を解決する経済学的技術を実証実験」https://www.kitami-it.ac.jp/wp-content/uploads/2021/10/20211018PressRelearse-1.pdf.

[51] L. Shapley, H. Scarf, "On cores and indivisibility," *Journal of Mathematical Economics*, vol. 1, no. 1, p. 23–37, 1974.

[52] 坂井豊貴『マーケットデザイン入門：オークションとマッチングの経済学』，ミネルヴァ書房，2010.

［53］　小島勢二「高薬価問題を考える ①コロナワクチンの適正価格」，全国保険医新聞，2021 年 5 月 12 日．

［54］　本多由佳・長富由希子「自治体大規模接種「空き」続出 ネット予約，高齢者敬遠 電話予約は殺到 コロナワクチン【大阪】」，朝日新聞 朝刊，2021 年 6 月 5 日．

［55］　J. C. Castillo, A. Ahuja, S. Athey, A. Baker, E. Budish, T. Chipty, R. Glennerster, S. D. Kominers, M. Kremer, G. Larson, J. Lee, C. Prendergast, C. M. Snyder, A. Tabarrok, B. J. Tan and W. Wiecek, "Market design to accelerate COVID-19 vaccine supply," *Science*, vol. 371, no. 6534, pp. 1107–1109, 2021.

［56］　A. Ahuja, S. Athey, A. Baker, E. Budish, J. C. Castillo, R. Glennerster, S. D. Kominers, M. Kremer, J. Lee, C. Prendergast, C. M. Snyder, A. Tabarrok, B. J. Tan and W. Wiecek, "Preparing for a pandemic: Accelerating vaccine availability," *AEA Papers and Proceedings*, vol. 111, pp. 331–335, 2021.

［57］　S. Athey, J. C. Castillo, E. Chaudhuri, M. Kremer, A. S. Gomes and C. M. Snyder, "Expanding capacity for vaccines against COVID-10 and future pandemics: a review of economic issues," *Oxford Review of Economic Policy*, vol. 38, no. 4, pp. 742–770, 2022.

［58］　M. Akbarpour, E. B. Budish, P. Dworczak , S. D. Kominers, "An economic framework for vaccine prioritization," Working Paper, 2021.

［59］　P. A. Pathak, T. Sonmez, U. Unver , B. Yenmez, "Fair allocation of vaccines, ventilators and antiviral treatments: Leaving no ethical value behind in health care rationing," Working Paper, 2020.

［60］　Centers for Disease Control and Prevention, "Estimated COVID-19 Burden," cdc.gov/coronavirus/2019-ncov/cases-updates/burden.html

［61］　Centers for Disease Control and Prevention, "Risk for COVID-19 Infection, Hospitalization, and Death By Age Group," https://www.cdc.gov/coronavirus/2019-ncov/covid-data/investigations-discovery/hospitalization-death-by-age.html

［62］　厚生労働省「新型コロナワクチンの接種について」https://www.mhlw.go.jp/content/10601000/000917854.pdf

［63］　厚生労働省「アストラゼネカ株式会社の新型コロナワクチンの供用終了と活用状況等について」https://www.mhlw.go.jp/stf/newpage_28291.html

［64］　厚生労働省「ワクチンの確保に関する取組」https://www.mhlw.go.jp/content/10906000/000703859.pdf

［65］　東京都新型コロナウイルス感染症対策本部「新型コロナウイルス感染症対策に係る東京都の取り組み―第 1 波から第 6 波までの状況―」https://www.seisakukikaku.metro.tokyo.lg.jp/cross-efforts/corona_torikumi_2205/html5.html

［66］　厚生労働省「新型コロナウイルスワクチンの接種体制・流通体制の構築について」https://www.mhlw.go.jp/content/10906000/000703859.pdf

［67］　佐々木達也「コロナワクチン接種，検証組織 初会合，副反応などで協議 相馬

市／福島県」，朝日新聞 福島全県・1地方朝刊，2021年5月26日.

［68］ 静岡新聞社「ワクチン購入費，1回2700円 接種費用は3700円と説明」，あなたの静岡新聞，2022年4月13日.

著者紹介

野田　俊也

2012 年	東京大学経済学部卒業
2014 年	東京大学大学院経済学研究科修士課程修了
2019 年	スタンフォード大学経済学部
	経済学博士課程修了（Ph.D）
2019 年	ブリティッシュコロンビア大学経済学部助教授
現在	東京大学大学院経済学研究科講師
	元. 三菱経済研究所兼務研究員

ワクチン配布のロジスティクスとマーケットデザイン

2023 年 3 月 20 日　発行

定価　本体 1,000 円＋税

著　者	野 田 俊 也
発 行 所	公益財団法人　三菱経済研究所
	東 京 都 文 京 区 湯 島 4-10-14
	〒 113-0034 電話 (03)5802-8670
印 刷 所	株式会社 国 際 文 献 社
	東 京 都 新 宿 区 山 吹 町 332-6
	〒 162-0801 電話 (03)6824-9362

ISBN 978-4-943852-89-6